幸せになる資本主義

田端博邦

Tabata Hirokuni

朝日新聞出版

幸せになる資本主義

はじめに

「幸せになる資本主義」は可能か、それが本書のテーマである。

2010年1月の施政方針演説で、鳩山首相は、「人間の幸福を実現するための経済」をめざすと宣言した。「命を大切にする」、「子どもを大切にする」、「地球環境を大切にする」、そのような経済、社会、政治をめざすというのである。

しかし、政権交代後数ヶ月にして、多くの国民の期待を背負って出発した政権は混迷状態にある。内閣支持率は20パーセント以下にまで低下し、国民の失望感が広がっているように見える。首相演説は、実体のない理想論にすぎなかったのであろうか。

金融危機の打撃から経済も回復の兆しを見せている。結局のところ世の中はそう簡単には変わらない。以前と同じようにやっていくしかないだろう。多くの人は、そのように考え始めているようである。

おそらく歴史はこのように進むものなのだろう。いつの時代にも、何も変わらないように見える日常生活が続くなかで、わずかな変化がその後の大きな変化につながったり、歴史が変わるように見えるときにそれと反対の方向の動きが生じたりするものなのであろう。

しかし少し時間の流れの幅をとって見ると、今大きな歴史的な変化が始まっていることが分かるかもしれない。いくつかの具体的な事実を挙げてみよう。

今、法制審議会で会社法の改正論議が始まっている。株式会社の経営陣に労働者（従業員）の代表を加えるという構想だ。財界は強い難色を示しているということだが、そのような経営組織の例は世界にないわけではない。ドイツには、70年代から、監査役会（日本の監査役会とは違って重要な経営上の権限をもつ）への労働者参加（監査役の半数）を認める共同決定制度があるし、ＥＵ（欧州連合）は、そのような方向をめざしている。この改正論議がどのような結論になるかまだ分からないが、そもそもこういう議論がなされること自体がこれまでは考えられないことだったといえよう。つい先ほどまで、経営者のリーダーシップやトップダウンによる強力な経営が推奨されていたのだから。

また、政権交代後に実現した子ども手当も大きな意味をもっている。この施策については、財源問題が強い批判の対象になったし、所得制限なしに給付する必要があるのか、手当を給付するより保育園の充実や学校教育の充実に予算を使った方がいいのではないか、外国人にまで給付するのはどうか、といったさまざまな異論が寄せられた。おそらくこれらの問題については議論の余地があるであろう。しかし、基本的な問題は、社会的に深刻化している〝子どもの貧困〟をこのままにしておいてよいのか、ということであり、より掘り下げていえば、育児や子育てを親の負担に委ねる私的な問題として考えてよいのか、社会的なことがらとして考えるべきではないか、という問題がここには存在している。

高校授業料の原則無償化の問題も同じような意味をもっている。事実上義務教育並みの高い進学率になっている高等学校の教育について、親の資力に委ねるこれまでの政策は、金融危機後の不況のなかで多くの退学者を生み出した。無償化は、そうした退学を余儀なくされるような高校生にとっては救いであろう。しかし、これもまた以前では考えられない政策だといえる。教育を社会的問題として考えるべきではないか、という問題が提起されている。

そのほかにも挙げるべき事例は多い。これらの施策は、いずれも、社会の基本的なあり方を変える可能性を秘めている。しかも、それらは現実のものになってきているのである。

ほんの少し前の時代を振り返ってみよう。そこでは、自由競争と自己責任があるべき規範とされ、子育ても教育も私事に属すべきものとされていた。公共的支出による社会的なサービスは、財政支出を拡大し、国民の負担を増すものとして忌避されてきたのである。

政治の混迷にもかかわらず、これらの施策は、日本の社会がかなり根本的なところで変わりつつあることを予感させる。

このような社会の変化は、日本に止まらない。**リーマン・ショック後の金融危機は、世界の資本主義を変えつつある**のである。

世界各国が足並みを揃えた大規模な財政支出によって、金融危機の打撃は予想された以上に小さく止められそうである。１９２９年の世界恐慌との比較でいえばそれは明らかであろう。景気は回復期に入っているように見える。しかし、おそらく世界経済は危機前の〝カジノ資本主義〟（スーザン・ストレンジ）に戻ることはないだろう。G20の議論などについて「出口戦略」が注目されているが、実はもっと重要な意味をもっているのは、金融規制と国際金融機関のあり方に関する議論である。こうした議論が世界の首脳会議の場に上がることは、危機以前には想像することができなかったであろう。かつての自由化と規制緩和の時代は、終わったといってよい。

また、新自由主義（ネオ・リベラリズム）の発信地と目されてきたアメリカでは、オバマ政権の成立とともに、ケインズ主義と金融規制、環境保護の政策が進んでいる。80年代からおよそ30年間続いた世界の――**ネオ・リベラリズムの時代は、終わった**――（ジョセフ・スティグリッツ、『朝日新聞』２００８年11月３日）のである。

「幸せになる資本主義」とは、人びとが、市場における競争と対立に翻弄されることなく、人間らしい生活を営みうるような社会のことである。世界史が大きく転換しようとしている今、そのような資本主義のあり方がどのようにして可能なのか。本書は、市場の論理である「自己責任」をキーワードにして、今日の資本主義世界の変化とその可能性について考えてみようとするささやかな試みである。

目次

装幀　菊地信義

第一章

いろいろな資本主義

それは、2000年から2001年の世紀の変わり目になる冬だった。私はベルリン自由大学に出張中で、妻の診療のために眼科を訪れていた。受付で社会保険カードの提示を求められたとき、大学からの申請手続き中でカードは手元になかった。そこで、私費負担の念書にサインをさせられた。おそらくここまでは、日本と同じだったろう。しかし、診察の順番が来て、医師の前に座ったときにショックを受けた。医師は、まず医療保険に入っていないことを強く非難したのである。「保険に入らなければ、安心して生活はできない」というように。受付のときと同じように、大学から手続き中である旨の説明をすると、医師はその場ですぐに社会保険事務所に電話で問い合わせた。これには驚いた。そこまでする医師は日本にいるだろうか。率直に私はそう考えたのである。

社会保険事務所で確認すると一件落着。カードがなくても現金支払いの必要はないと、お決まりの診断に入った。このささやかな事件が私にショックを与えたのは、医師がカードがなければ診察はしないというほどに、医療保険が定着しているということである。そして、カードは届いていないのに現金は一銭も払わずに診療はすんだのである。医療保険に入っているかぎり、個別の診療を受けるときは無償であるということが、かの地では当然のことになっているらしい。明らかに外国人であることが分かる私についての対応がこのようであるとすれば、ほぼすべての人について、その都度の診療は無償であるという習慣が定着していると推測することができる。

ついでにもう一つの驚きを記しておこう。大学の授業に出ている学生たちをわが家に招待したときだった。ある親しい学生に、「君の実家はどこなのか」と尋ねた。同じベルリンなのだという。「どうして実家から通わないのか」と尋ねると、ドイツでは20歳になれば家を出て独立するのが当たり前であり、もちろん親からの仕送りは受けていないという。学費はかからない（後述するように学費は無償である）、奨学金をもらっている、生活のもろもろについて学生割引があり安上がりの生活ができる、だから、わずかなアルバイトをする程度で自活することが可能なのだ、という。学費の無償はその前にすでに聞いていたので驚かなかったが、自宅が同じ市内にあるのに独立するという点にはさすがに驚いた。日本でそのような例を聞いたことはなかったからである。

眼科の事例が、日本の実情とどの程度違うか一言でいうのはなかなか難しいが、学生の自活の日本との落差は、学費を含めて非常に大きい。日本の場合には、文科省の資料などによっても、親の学費・仕送り負担が大きいことが知られる（『文部科学統計』参照）。ほぼ常識になっているからあえていう必要もないかもしれない。

この二つのごく小さな事例は、日本とドイツとの社会の間に大きな差異があることを予想させる。同じ資本主義の社会でなぜそれほどに異なる社会が現出するのだろうか。国が違えば社会が違うのは当たり前だといえばそれまでだが、なぜ、どのように違っているのか考えてみることも意味があるだろう。それは、日本の社会の特徴を逆に浮き彫りにしてくれるし、またどこがどう違うかが分かれば、よりよい社会にするためにどうしたらよいか、ということを考えるヒントも与えてくれるかもしれないからである。

最初の節では、ドイツ統一の1990年前後から話を始めよう。この時期は、世界史の大きな転換点を画す時期であったし、資本主義が世界大に広がって、資本主義世界が市場化の方向に大きく振れる時期でもあったからである。資本主義世界は自由市場と自由競争の方向に進むほかないのか、そんな資本主義のあり方が問われた時代でもあった。

1　二つの資本主義

「ベルリンの壁」20年

2009年秋は、ベルリンの壁崩壊20周年にあたり、さまざまなドキュメンタリが放映された。1989年から1991年にかけて、ソ連・東欧圏の社会主義体制が崩壊し、前後して中国も政治体制は維持しつつ、経済的には市場経済体制に移行した。世界は市場経済の支配する世界になったのである。

資本主義あるいは市場経済のグローバル化は、グローバリゼーションの本格化をもたらした。ロシア・東欧圏では、急激な市場化政策がとられ、金融市場も製品市場も文字通りグローバル市場に発展した。そして、そうしたグローバルな市場化の嵐は、資本主義国における規制緩和をいっそう促進した。日本では、日本的な経済社会のシステムが不透明な慣行や政府規制によって縛られているという批判が高まり、「構造改革」が推進された。企業経営のシステムについても、株主主権を標榜する「コーポレート・ガバナンス」の議論が高まり、終身雇用や年功賃金は非効率だとする主張が強まった。80年代の「行政改革」が政府・公共部門の効率化を対象とするものだったのに対して、90年代の「改革」は対象も広がり、社会全体のシステムを効率性と市場原理の観点から再構成しようとするものであったといってよい。このネオ・リベラリズムの第2段階といえる時代は、経済社会全体のあり方を変えるという点でいっそう本格的なものであった。「自己責任」が強調されるのもこの時期に入ってからである。

ベルリンの壁崩壊は、旧社会主義圏における「民主化」の始まりであっただけでなく、世界的な規模における新自由主義、ネオ・リベラリズムの時代の世界化、本格化の始まりでもあったのである。80年代に資本主義世界に広まった新自由主義は、ロシア、東欧圏に広がり、世界は、自由市場と自由主義の時代に突入したように見えた。

「歴史の終焉」か

この時期に、二冊の注目すべき著作が出されている。一つは、フランシス・フクヤマの『歴史の終わり』（1992年）[1]であり、もう一冊は、ミッシェル・アルベールの『資本主義対資本主義』（1991年）[2]である。この二冊の本は、この時代に世界がどうなるか、という問題に関して対照的な展望を与えている。

まず、フランシス・フクヤマの本から取り上げよう。フクヤマの本は日本でもベストセラーになったので、読まれた方が多いと思うが、要点は次のようなものである。

フクヤマによれば、自由な市場経済と自由な民主主義とが、人類が希求してきた社会の究極的な目標であった。ギリシャ、ローマの古典時代（この時代には市民の自由と民主主義が花開いたが、多数の奴隷が存在した）ののち、長い中世の時代を経て近代社会が始まった。近代は市場経済と自由主義的な民主主義の始まりとなったが、同時に市場経済を否定する社会主義の思想と運動を生んだ。そして、計画経済の社会主義の体制を成立させた。自由と民主主義にはなお困難が続いたことになる。90年前後のベルリンの壁の崩壊とソ連の解体は、そうした自由と民主主義にとっての最後の障害が取り払われたことを意味する。ついに、人類は、自由な民主主義と自由な市場経済とを獲得したのである。つまり、理想を求めて困難な道程を歩んできた人類の歴史は、その目標に到達したのである。フクヤマにとっての「歴史の終焉（the End of History）」とは、そのような人類の「歴史」が目標を達して、その意味で終焉したことを意味した。

フクヤマの議論は、ソ連崩壊が長い米ソ対立の冷戦を続けてきたアメリカに大きな勝利感を与えていたことを示している。ソ連の崩壊は、自由と民主主義に関するアメリカ的信念の正しさを立証するように思われたであろう。その後のブッシュ政権の単独行動主義に示されるように、自由と民主主義は、世界にくまなく実現されるべき普遍的な価値と理解されたのである。もちろん、このような理解がすべてのアメリカの人びとが共有する価値観ではないが、少なくとも当時のアメリカの支配的な意識と伝統的な価値観に、そのような解釈は合致していた。フクヤマの議論は、その意味で、当時のアメリカの支配的な意識を代表するものであったといってよい。「人類の歴史」をフクヤマのように理解することには大いに問題がある。歴史はもっと多様な意味をもっており、また歴史は終わってはいない。しかし、ここでの問題は、そういうことではなく、この議論が客観的にもつ意味である。

フクヤマの本が、一つの典型的なアメリカ的な意識を代表していたとすれば、アルベールの本は、当時のヨーロッパ的な考え方を代表するものであったといってよいであろう。ミッシェル・アルベールは、フランスの高級官僚の知識人である。日本では、アルベールの名前や著書の『資本主義対資本主義』よりも、「ライン型資本主義」という言葉でよく知られている。

まず、アルベールの90年前後の転換に関する評価から見てみよう。

アルベールによれば、ベルリンの壁の崩壊は、フクヤマと同じように、世界史的な大転換を画する出来事である。資本主義と社会主義という異なる体制が並存し、対立する世界から、資本主義に一元化された世界への転換をそれは意味する。しかし、フクヤマと異なり、歴史の転換は、天国のような自由と民主主義の理想社会の実現を意味するのではなく、**相対立する二つの資本主義の間に競争と闘いが繰り広げられる新しい時代の始まり**を意味するのだ、とアルベールは主張した。それほどに異なる資本主義が存在しているというわけである。

すでに見当をつけている読者もおられると思うが、それは、「自由な市場」に純化した資本主義と「社会的な連帯」や「社会的制度」を組み込んだ資本主義の二つの資本主義である。アルベールは、前者を「ネオ・アメリカ型資本主義」、後者を「ライン型資本主義」と呼ぶ。いうまでもなく、ライン川はドイツとフランスを分ける河川であり、フランスから見れば、ライン川はドイツの方向を意味し、ひいてはドイツを意味する。「ライン型資本主義」は、ドイツ型資本主義のことであり、拡張すればヨーロッパ的な資本主義を意味する。もちろん、どちらの型も「型（モデル）」であって、実際の社会ではなく、理論的な典型をモデル化したものである。

たしかに、冷戦時代には、資本主義世界といえば、一つの世界（西側世界）という考え方が強かった。社会主義との対比の方が大きなインパクトをもっていた。したがって、「資本主義」には、異なる、しかも対立的な資本主義が存在するというアルベールの主張は、新鮮な問題提起であったといってよいであろう。実際、アルベールのこの問題提起は、のちに資本主義の型や多様性をめぐる活発な国際的な研究と論争を生むことになる。アメリカとヨーロッパあるいはEUとの間で、しばしば大きな政策的な対立があることを想い起こしていただきたい。例えば、温室効果ガスの排出規制に関する京都会議の際に、ヨーロッパが提案したのは、マイナス20パーセントであり、アメリカは0パーセントであった（ちなみに、開催国の日本は中間の7、8パーセントで揺れ動いた）。その後、ブッシュ政権が京都会議の枠組みから離脱したことは比較的記憶に新しい。また、最近の例では、国際的な金融市場規制に関して、G20でEUが強い規制を主張したのに対して、アメリカは弱い規制で十分だと主張した（もっとも直近の状況では、オバマ政権が強い金融規制に踏み切ったために、規制に慎重なのはむしろ日本やカナダである）。なにか根本的な違いが両地域間にはありそうだ、ということは誰もが気づいているであろう。こうした違いを、両地域の権益や利害の違いによって説明することもできるかもしれない。しかし、そうした利害対立構造の原因を含めて、「資本主義」（経済や社会の仕組み）の構造的な違いにその原因があると見るなら、アルベールの問題提起は、なかなか的を射たものだったといえるのである。

二つの資本主義モデル

この二つの資本主義モデルの特徴を、アルベールの整理にしたがって紹介しておこう。以下の図は、アルベールのものをそのまま訳出したものである。

この図で「非市場財」、「混合財」、「市場財」とされているものの意味は、ほとんど説明を要しないであろう。「市場財」は、市場的な有償の交換関係によって取引されるサービスやモノ（財）であり、「非市場財」は公的に組織され、給付されるサービスや財である。

ネオ・アメリカ型における市場の位置

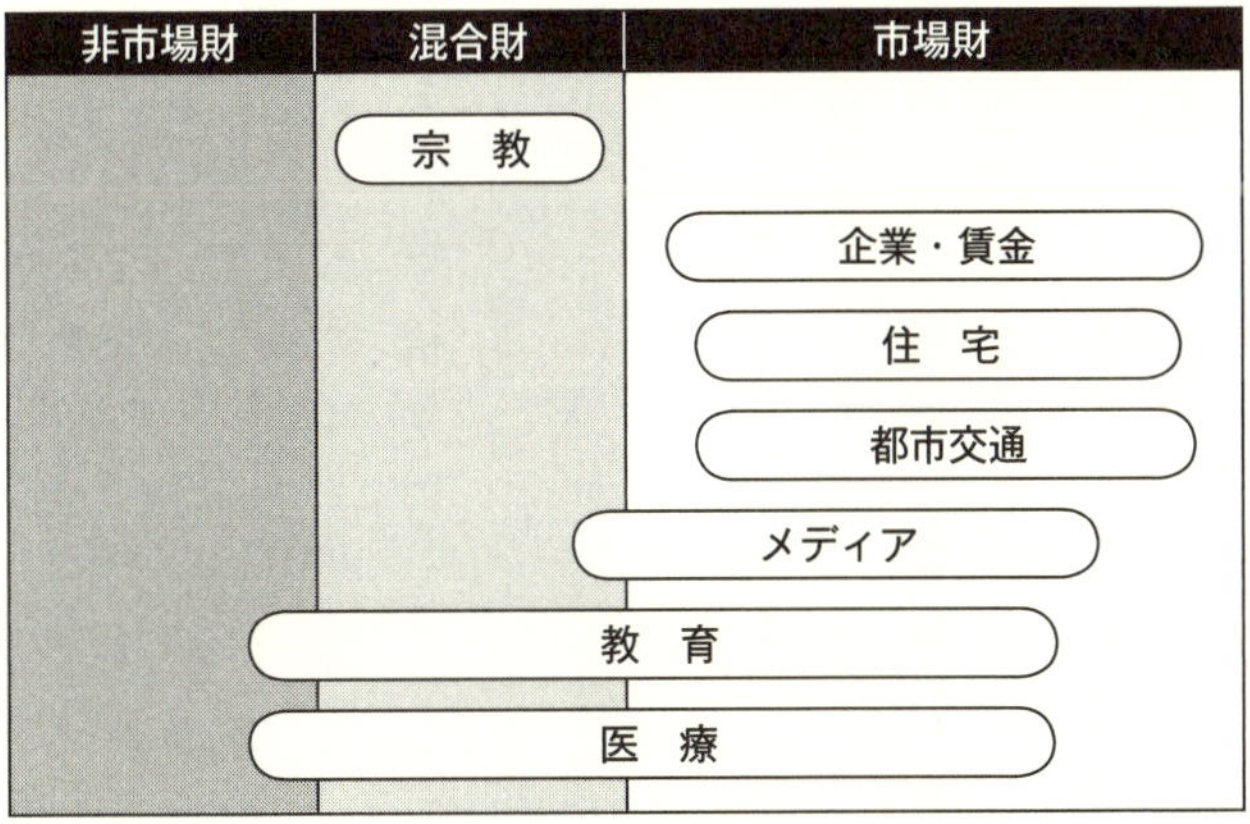

ライン型における市場の位置

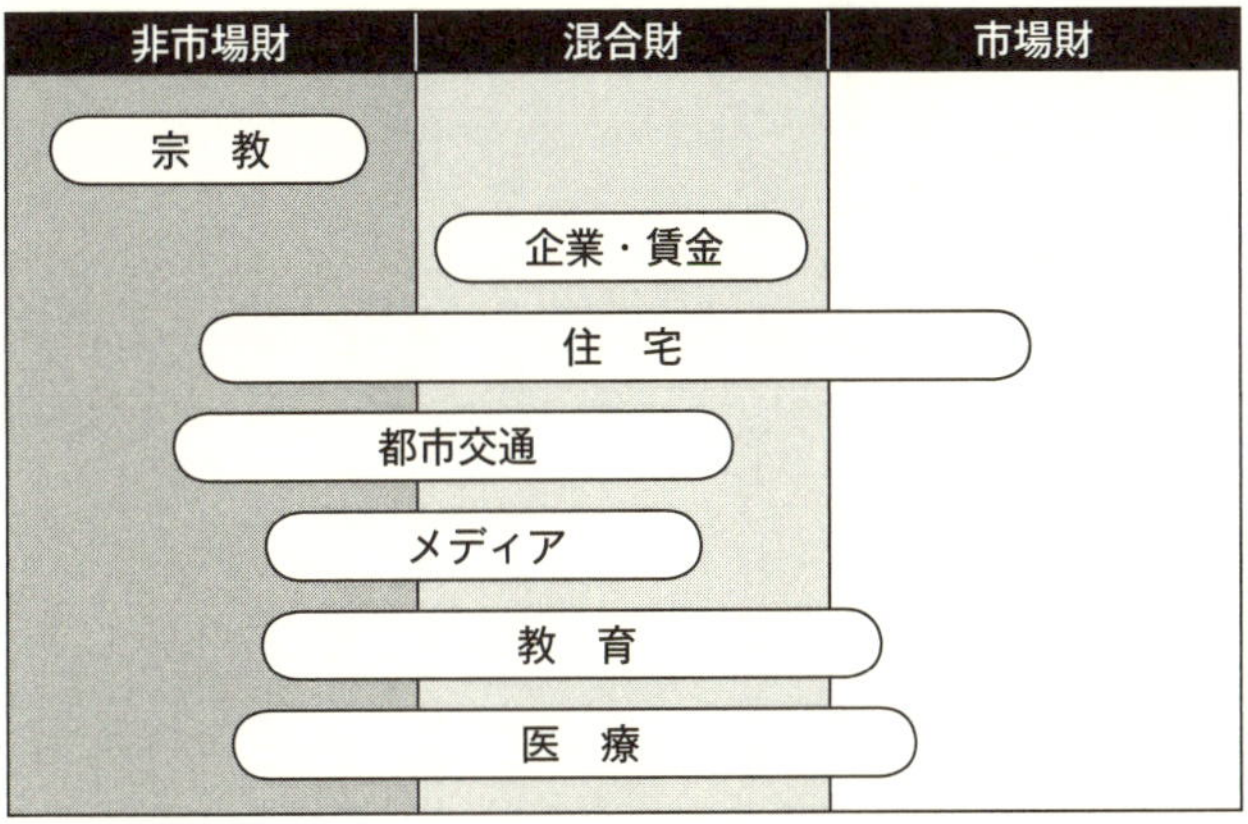

出典：Michel Albert, *Capitalisme contre capitalisme*, P. 121

ものである。

「混合財」は、民間市場の取引関係と公的な給付とがなんらかの形で組み合わされている

この図で、アルベールが与えているメッセージは、「ネオ・アメリカ型」の資本主義が、社会生活におけるさまざまなサービスや財のほとんどを「市場財」として供給している（市場中心の、あるいは市場優位の社会）のに対して、「ライン型」資本主義は、それらを混合財を中心に供給しているということである。このアルベールのメッセージについては、常識的な整理であるといってよい。ただ、もう少し、個々の具体的な項目を見ると、興味深い点があることに気づかれると思う。

まず、注目すべき点は、2段目の「企業・賃金」の項目である（1段目の「宗教」についても差異が目立つが省略しておきたい）。われわれの常識からすれば、この項目で示される企業経営や企業活動、雇用関係や賃金・労働条件は、当然、民間市場の問題となるであろう。「民間でできることは民間で」と言われるときに「民間」とは、私企業を指している。このようなわれわれ日本の常識は、この項目についての「ネオ・アメリカ型」と一致している。企業や雇用（もちろん、公務や公共企業があるが、それを別とすれば）が、民間の市場経済の世界にあることは、当然のことであり、アメリカ型の位置づけに違和感

は覚えない、というのがおそらく多くの読者の感想であろう。われわれにとってむしろ驚きは、「ライン型」の「企業・賃金」についての位置づけである。アルベールの図によれば、「企業・賃金」は、「市場財」の欄には存在せず、全体として、「混合財」に位置づけられている。つまり、**企業や労働の世界は、「ライン型」では、自由な市場に委ねられているわけではなく、半ば公的な、あるいは公共的な世界になっている**、ということになる。アルベールが具体的に指摘するのは、賃金が、全国的な労働協約によって規制されているということである。

詳しいことは3節で述べるが、雇用に関する「自己責任」についてだけヒントを与えておこう。「ネオ・アメリカ型」であれば、働く側の人にとって、技能の教育訓練を受けることも、失業した場合に生活費を工面することも、本人の「自己責任」だということになる（実際のアメリカが純粋にこうなっているわけではない）。雇用によって提供する〝労働（力）〟が「市場財」であるとは、そういうことである。これに対して、「ライン型」の場合には、働く人が供給する〝労働（力）〟は「混合財」であって、さまざまな公的な規制や保護のもとに置かれる。教育訓練や失業は、働く側の「自己責任」に放任されるわけではない。雇用関係や労働関係は、もっぱら個人的な自由だけを基礎にする市場的な関係ではなく、社会的あるいは公共的な関係としての性質をもっているということになる。

ヨーロッパの住宅支援

もう一つ、同じような驚きを与えるのは、「住宅」である。日本にも、公営住宅や社宅が存在する。しかし、戦後の政府はほぼ一貫して持ち家政策をとってきたために、住宅は、個人がそれこそ「自己責任」でまかなうべきだという考え方が一般的である。マンションなどの高い家賃であっても、あるいはマイホームを建築した際の住宅ローンがいかに重荷であっても、住宅を賃借したり、建築したりすることは「自己責任」だと考えられているために、みな我慢している。アルベールの整理に倣えば、日本では、住宅は「市場財」と観念されているのである。「ネオ・アメリカ型」で住宅が「市場財」とされていることに、したがって、われわれは違和感を覚えない。

しかし、「ライン型」では、住宅は、「非市場財」から「市場財」にまでまたがっており、「混合財」が中心を占めている。一言でいえば、こういうことであろう。**日本と同じように個人所有の「市場財」の住宅もあるが、それは一部分にすぎず、公営住宅や家賃補助を受ける社会的な住宅が大部分を占めている。**つまり、住宅は、個人の所有物というより、社会的に供給されるべき「非市場財」あるいは「混合財」なのである。さらにいえば、住宅というものは、すべての人が住まわなければならないものなので、個人の所得や経済的能力に左右されるような「市場財」に委ねることはできない、ということなのである。

少し具体的な例を挙げておこう。ベルリンやフランクフルトなどのドイツの大都市では、80パーセントから90パーセントが賃貸住宅（大部分は集合住宅）だといわれている。まず、そうした集合住宅の建設の仕方が都市計画で厳格に規制されている。そして、住宅建設費についてそれが民間による場合でも〝社会住宅〟として建設される場合には国の補助金が交付される。他方、家賃は適正なものでなければならないとされるが、それでも給与所得者などで家賃の支払いが難しい人も出る。その場合には、住宅に居住する人数と所得額との関数で一定の基準までの家賃が支払い可能家賃とされ、それと実際の家賃との差額は国から家賃補助として支給されるのである。こうした家賃補助制度の基本的な考え方は、まず、国民の誰であれ、一定の居住水準（端的には住宅面積）に住むことが社会的に保障されるべきだ、というものであり、そうした基準の賃貸住宅の家賃が所得に対して過重である場合には、公的な支援がなされるべきだというものである。フランスにも同様の制度があるが、フランスでは、分譲の持ち家のローンについても、同じような計算で算定される補助金が支給される[3]。

このような社会住宅や家賃・ローン補助制度の考え方のさらに根底にあるのは、土地や住宅は個人の私有財であっても、同時に社会生活を支える公共的な性質をもったものだという考え方である。ドイツやフランスには「建築不自由の原則」（自由の原則ではない）という考え方がある。私有地に建てる建物であっても、健康や安全、景観などを考慮した厳格な都市計画や規制に服さなければならないというものである。

それでもピンとこない読者が多いかもしれない。そこで、ヨーロッパの都市や村の住宅の様子を思い浮かべてもらいたい。ヨーロッパの村の一般的な風景は、教会があって、同じ屋根の色の同じような家が寄り集まっている、というものだ。住まいは、個々人がばらばらに好きな家を建てるのではなく、集落におけるルールに沿って、同じような家が建てられてきたことをそれは示している（日本の古い村落も実は同じようだった）。また、都市についても、日本の都会とは随分違う風景であることに気づかれた人は多いであろう。日本のようにいろいろな形の鉛筆ビルが建ち並ぶような風景は見られない。都市の集合住宅は、都市空間における公共的な存在なのである。公共的な財としての住宅と私有財としての住宅の差異が、このような都市景観の違いを生み出している。いずれにしても、カール・ポランニーが主張したように、土地は本来的に、商品化にはなじまない特殊な商品なのである[4]。

アルベールの図の解説の範囲を超える話がやや長くなって、そのほかの項目について論じるスペースがなくなってしまったが、いくつかのポイントを記しておこう。

「都市交通」については、両モデルの間で、基本的に異なるコンセプトがとられている。「メディア」についても同様である。重要なのは、「教育」と「医療」である。どちらのモデルでも、「混合財」と「市場財」が組み合わされた形になっているが、「ネオ・アメリカ型」で、圧倒的に「市場財」のウェイトが高い。「ライン型」では、「市場財」が占めるウエイトはごく一部で、「混合財」が中心で、「非市場財」もかなり重要な意味をもっている。

改めて全体を見直してみると、「ライン型」には、純粋の「市場財」とされているものが存在しないことに気づく。全体として「市場的」な資本主義とそうでない資本主義との差異が明らかだ、とアルベールは主張する。

「当たり前」ではない日本

「企業・賃金」と「住宅」については、日本は、「ネオ・アメリカ型」に近そうだと指摘した。そのほかの項目を含めて、日本の資本主義は、いったい、どのような特徴をもっているといえるだろうか。

これも、実際のままということでなく、「モデル」として「日本型」を想定すれば、次のような図を描くことができるであろう。

日本型における市場の位置

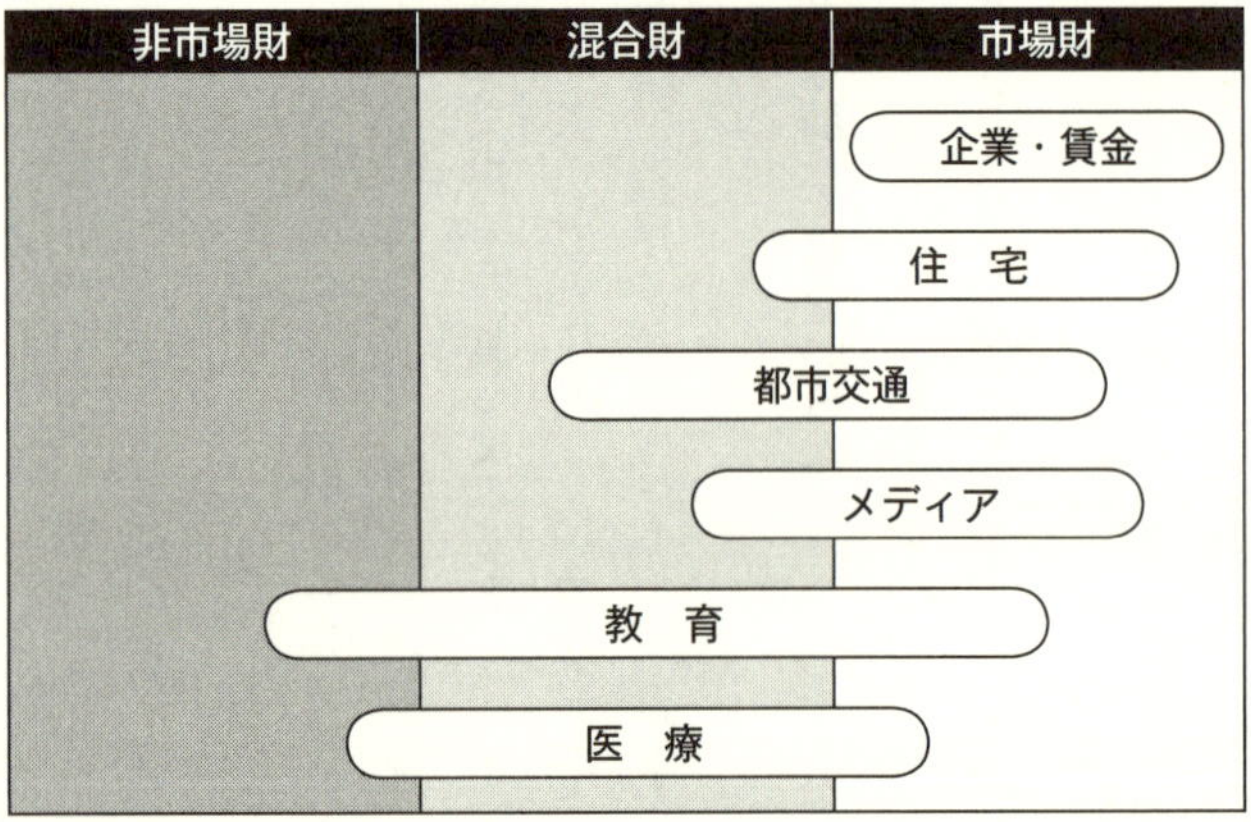

この図では、宗教を除いているが、ほぼ次のようなことがいえる。「企業・賃金」、「住宅」、「メディア」については、「市場財」としての特徴が強く、「ネオ・アメリカ型」に類似している。「メディア」については、前項でふれなかったので一言いえば、ヨーロッパでは、ラジオ、テレビの放送局のほとんどが公営であり、日本のように多数の民間放送は存在しない。「交通」については日本の「都市交通」はむしろ「ライン型」に近いと位置づけられるであろう。日本では市営バスや市営地下鉄のウェイトがかなり高い。

日本の教育は、公教育のウェイトが高いといえるが、高校、大学は授業料がかかり（高校については前述のように、無償化の措置がとられつつある）、私立学校も多い。これに塾や予備校などを加えるとすれば、教育における「市場財」のウェイトはかなり高いといってよいだろう。具体的な問題を一つだけ指摘しておこう。日本の大学の授業料は国立（国立大学法人）であってもかなり高い。日本とアメリカは、世界的に大学学費の高い国の双璧をなしている[5]。イギリスを除くヨーロッパの大学は、近年若干の変化が生じているとはいえ、基本的には無償である。この点については次節でもふれるが、北欧や大陸ヨーロッパ諸国の大学はほとんど国立・公立である。**授業料は原則として無償であり、それだけでなく、生活費をまかなうための給費や奨学金が用意されており、学生が基本的には親に頼らずに自活できる仕組みがつくられている**のである。

周知のことだが、日本の大学教育においては、学費や生活費の親の負担は非常に大きい。教育費の負担においても、日本は「自己責任」の強い国なのである。医療は、かなりの程度「ライン型」に近いといえるが、健康保険における自己負担の高さから見れば、日本の方が「市場財」的性質が強い。図には示すことができない中身まで見れば、「ライン型」に似ているように見える項目でも、日本ははるかに「市場財」の強い社会なのである。

全体としては、日本型は、アルベールの二つの型の中間に位置するといってよいが、住宅や教育については、「ネオ・アメリカ型」に近く、医療も80年代以降の制度改革の動向（自己負担分の引き上げなど）は市場化の方向を向いていたといってよいであろう。つまり、企業・賃金や住宅、教育や医療など国民生活に直結する領域における日本の経済システムは、かなりの程度「ネオ・アメリカ型」に近いといいうるのである。**大学を含む教育費と住宅の費用は、日本の平均的なサラリーマン家計の二大支出項目である。しかし、こうした費用を個人が私的に負担しなければならない、という考え方は、世界的に見れば必ずしも当たり前のことではないのである。**個人の「自己責任」や、個人と社会との関係については、根本的に考え直す余地があることを、これは意味している。

しかし、日本型をネオ・アメリカ型に近いものと位置づけるこのような考え方は、必ずしも一般的ではない。先述の資本主義の比較研究の議論では、むしろ日本をヨーロッパ型に近いものとする考え方の方が強い[6]（アルベール自身もそうした見解をとっている）。例えば、「企業・賃金」の領域については、後述するように、ネオ・アメリカ型のように単純に「市場財」的とは割り切れない問題が残るのである。したがって、社会の構造や資本主義の型をきちんと論じるためには、さらに深い検討が必要になる。

注

1 Francis Fukuyama, *The End of History and the Last Man*, Free Press, 1992. フランシス・フクヤマ『歴史の終わり』

上・下（渡部昇一訳、三笠書房、新版２００５年）

2　Michel Albert, *Capitalisme contre capitalisme*, Edition du Seuil, 1991. ミシェル・アルベール『資本主義対資本主義』（小池はるひ、久永宏之訳、竹内書店新社、１９９６年）

3　詳しくは、原田純孝ほか編著『現代の都市法』（東京大学出版会、１９９３年）、原田純孝「フランスの住宅政策と住宅保障」社会保障研究所編『フランスの社会保障』（東京大学出版会、１９８９年）、佐藤岩夫『現代国家と一般条項』（創文社、１９９９年）ほかを参照していただきたい。

4　Karl Polanyi, *The Great Transformation: The Political and Economic Origins of Our Time*, Farrar and Rinehart, 1944.（Beacon Press, 2001によった）カール・ポラニー『大転換―市場社会の形成と崩壊』（吉沢英成ほか訳、東洋経済新報社、１９７５年）

5　アメリカの学費や学資ローンの問題については、最近の堤未果『ルポ　貧困大国アメリカⅡ』（岩波新書、２０１０年）が詳しくレポートしている。

6　Peter A. Hall and David Soskice (eds.), *Varieties of Capitalism: The Institutional Foundations of Comparative Advantage*, Oxford University Press, 1991. ピーター・A・ホール、デヴィッド・ソスキス『資本主義の多様性―比較優位の制度的基礎』（山田鋭夫ほか訳、ナカニシヤ書店、２００７年）ほか。なお「アジア型」として、アメリカに近い位置づけをするものとして、ブルーノ・アマーブル『五つの資本主義』（山田鋭夫ほか訳、藤原書店、２００５年）、日本の社会が英米の市場的社会と対称的な位置にあるとするのがロナルド・ドーアの一連の作品である。ドーアの古典的な作品としてRonald Dore, *British Factory - Japanese Factory: The Origins of National Diversity in Industrial Relations*, University of California Press, 1973. ロナルド・ドーア『イギリスの工場・日本の工場』（山之内靖ほか訳、筑摩書房、１９８７年）、本文に関係するものとしてRonald Dore, *Stock Market Capitalism : Welfare Capitalism*, Oxford University Press, 2000.『日本型資本主義と市場主義の衝突』（藤井真人訳、東洋経済新報社、２００１年）を挙げておく。

2　教育は「自己責任」か

義務教育と市場

小学校と中学校の初等・中等（前期）教育が義務教育になっていることは、われわれにとっては当たり前のことである。そのことになにも疑問をもたない人が大多数だろう。しかし、この領域においても市場が成り立たないわけではない。私立学校があることを考えれば了解されるであろう。教育というサービスにはお金がかかる。校舎も必要だし、教師の給料も払わなければならない。そうしたサービスを提供する私立学校は、その費用をまかなうために授業料を徴収するのである（実際には、公費の補助がある）。原理的には、純粋の私立学校があるとすれば、教育はその経済的な対価と取引される市場財になる。塾や予備校になると、そうした純粋市場財としての性格がもっとはっきりするだろう。教育を受けたい人が、その対価を支払って、学校が対価と引き換えに教育を提供するという関係は、市場の関係そのものである。

では、なぜ義務教育という制度がとられ、そのための公立学校が無償で教育を提供するようになっているのだろう（授業料は無償でも親のさまざまな負担が残っている）。憲法や教育基本法に義務教育とその無償制が規定されている（憲法26条、教育基本法5条）というのはその理由にならない（日本の義務教育は明治に始まる）。憲法や教育基本法がそのような考え方をとったのはなぜか、ということが問題だからである。おそらく、次のように考えることができるだろう。

もし初等教育が自由な市場に委ねられていたらどうなるだろうか。江戸時代に寺子屋がかなり普及していたというから、それでもかなりの子どもが教育を受ける機会をもったかもしれない（もっとも寺子屋が純然たる市場的経営であったかどうかはわからない）。しかし、一般的に想定しうるのは、低所得者あるいは困窮者の子弟の多くは、教育の機会を逸するだろうということである。とくに、全般的な所得水準が低い時代には（現在でも貧困な国では）そういうことになるであろう。そうでなくても、所得に大きな格差があるとすれば、そのような結果は避けられない。教育が市場的に供給されるとすれば、授業料も相当の額になるはずであるから。あるいは、かなり低廉な、したがって初歩的な教育だけを授ける学校ができるのかもしれない。どうなるかは、人びとの所得水準と所得分配のあり方に依存する。それでも、教育を市場に委ねてよい、という考え方がありうるとすれば、それは、教育を私的な、あるいは個人的なものと見なしていることになるであろう。教育を受けさせたいと思う親が、あるいは教育を受けさせることができる親が、子どもに教育を受けさせればよいのであり、逆は逆である。

実際、ヨーロッパ諸国で義務教育が一般的に普及するのは19世紀の後半だとされているから（アメリカは比較的早く、日本の明治19年の小学校令は先進国のなかでもそれほど遅いわけではない）、近代の市民革命や資本主義の発展からすれば、義務教育が制度化されたのは随分遅い時期になってからである。それまでは、教育は、私的なものと考えられていた。教育は親が行うべきもの、その意味で国家が介入すべきものではないという考え方が支配していたのである。

そのような私的な教育の観念は、経済社会における所得分配の不平等を前提とすれば（この前提は理論的なものというより、現実的なものである）、教育の著しい格差を生むことになる。一部のエリート層に高い教育が与えられる半面で、多数の人には十分な教育の機会が与えられないということになる。そうした教育の偏在あるいは格差は、一部の特権的な階層と多数の労働者や農民で構成される19世紀的な階級社会に適合的なものであった。そこでは多くの労働者や農民が、知的な労働を必要としない肉体労働に従事していたのであり、職人などの熟練技能は職能的団体のなかで形成される仕組みができていた。そのような産業社会のあり方が変わることによって、一部の者だけを対象にすることができた私的な教育のシステムは変化せざるをえなくなったのである。義務教育は、国民全体の教育水準を引き上げることになり、それがまた産業社会のあり方をさらに変えた。社会生活も一定の知識や知的能力を必要とする知的な社会になった。

社会がそのような知的な社会になると、義務教育や、さらに今日の日本であれば高等学校（中等後期）までの教育が、日常の社会生活において普通に必要なものになる。教育は、いわば〝人並みの生活〟をするうえでの必需品になっている。今日の日本において教育と市場の問題を考えるとすれば、こうした状況が議論の前提となるだろう。このような状況を前提とすれば、憲法による保障を別としても、義務教育を、無償で、したがって公共的に提供しなければならないことに違和感を覚える人は少ないのではないだろうか。この社会で生きていくために必要不可欠な教育を、私的サービスに委ねることによって、親の所得の状態にかかわらせることは、さまざまな意味において不当であると思われるからである。子どもには責任のない原因によって、教育の機会が奪われるのは不当だということになるだろう。また、社会生活に不可欠なもの（この場合、知識や能力）は、すべての社会の構成員に対して平等に供給されるべきだ、という考え方もあるだろう。今日の社会では、かつての「自由、平等、所有権」と同じ位置に「教育」が加えられてよいのである[7]。実際、日本国憲法を含めて、現代的な憲法や人権宣言には、国民の教育を受ける権利やそれに対応する国の義務を規定するものが多い[8]。現代社会においては、所得分配の平等性という前提がないかぎり（そして実際にはこの前提は成立しない）、社会生活に不可欠な教育は、社会によって、すべての人に提供されなければならないのである。

最近の政権交代によって、高校教育の無償化がすすめられている。不況の影響で授業料を納められないために退学をする高校生が増えたという社会問題が直接のきっかけになっているが、理論的には、社会が、その構成員の自由と生存、幸福の追求を可能にすることが「社会」の目的または存在理由そのものであるという考え方（第三章4節参照）によって、無償化は説明されるであろう。教育が、あるいは高校教育が個人の負担と責任でなされなければならない、ということはないのである。

高額な大学授業料

日本では、高校教育の無償化は考えられていても、大学教育の無償化までは考えられていないようである。少なくともこれまではほとんど議論になっていない。大学が授業料を、しかもかなり高額の授業料をとることについてほとんど疑問はもたれていないようである。しかし、日本のように高い授業料をとる国は、実はそれほど多くない。先進主要国のなかでは日本とアメリカくらいではないだろうか。ドイツやフランスでは、最近の規制緩和の影響で無償化が揺らいでいるが、それでもなお原則的には無償である。アメリカの多くの学生が授業料ローンを借りて、卒業後もその返済に苦労するのに対して、ドイツの学生の多くは、授業料なしでアルバイトをして自活している。日本では、親が高い教育費を負担している場合がほとんどだ。そこで、問題は、二つある。日本やアメリカでは、なぜ、大学の高い授業料が当たり前のことと考えられているのか。そして、そうでない国では、なぜ大学でも授業料をとらないのか。

最初の問題から考えてみよう。まず、日本で大学が授業料をとるのが当たり前だと考えられているのは、大学進学がまだ高校のように「全員入学」(もちろん文字通りのものにはなっていない)にはなっていないことが関係しているだろう。全員が受ける教育であれば、それは社会生活に不可欠のものとなるから、社会によって、すべての人に供給されるべきものになる(義務教育、高校無償化の考え方)が、一部の人だけが進学する大学の教育は、そのように公共的に供給されるべきものではない、という考え方が成り立つ。大学に行かなくても立派に社会人としてやっていけるのだから、大学に行くのは個人の特別の好みであったり、利益であったりするからだろう。そのような個人の利益や好みの面倒を社会が見る必要はない。個人が負担するのは当然だ、ということになる。さらに、一方で進学せずに働いて社会に貢献している人がいるのに、働かずに社会の負担で勉強することを可能にするのは不公平だ、という考え方もあるかもしれない。とくに、現在の日本のように、大学を卒業した場合には、卒業後により良い就職ができて、より高い所得を得られるとすれば、大学教育に公的な資本を投ずるのは、個人の利益のために公費を不当に支出することになる、という議論もありうるだろう。

おそらく、これらの考え方は重なり合って、大学の授業料を正当なものとする考え方を形作っている。もちろん、これら以外の考え方もあるだろう。いずれにしても、高い授業料は、一般の人びとには受け入れられているといってよい。しかし、他方で、高い授業料は、親の所得による進学格差という実態も生み出している。子ども（むしろ青年というべきか）の学力によってではなく、親の所得によって格差が生じるのは不公平だ、という議論も生まれてきた。

しかし、もちろん、大学の授業料をどうすべきか、大学の制度をどうすべきか、という問題は、世間一般の人びとの考え方だけによって決まるわけではない。国や政府が大学制度のあり方を決定してきたのである。そうした国の政策のレベルで見れば、これまでの政策は、大学教育を市場的に供給される「財」と見てきたといってよい。とくに市場主義的な政策が強まるなかでそのような考え方は強くなった。大学教育を市場的な財と見なすということは、大学という教育機関が供給するサービスは、市場財として、そのサービスの費用をまかないうる価格で提供されることを意味する。それは、大学は、そのような意味で、一種のビジネスであることをも意味することになる。大学がビジネスとして成立するのであれば（実際、規制緩和政策で株式会社が大学を設立することも認められた）、国は大学に対して財政支出をする必要はない。もし、こうした考え方を貫いて、国立大学に対する公費支出や私立大学に対する私学助成がなくなれば、国立と私立の授業料は同じような、しかし今よりもはるかに高い水準に引き上げられてしまうことになる。もちろん、政治的配慮から、こうしたことにはならないが、市場財として考えるということは、こういうことを意味する。

これほど極端に考えないとしても、かなり高い授業料をとって大学が運営されるシステムは、大学教育をかなりの程度市場財的なものとして考えていることになるだろう。では、学生あるいはその親は、なぜそのような高い学費を負担してまで大学教育を受けよう、受けさせようとするのであろうか。

市場主義的な考え方によれば、それは、大学教育を受けることによって、そのあとに高い見返りが得られるからである。〝学歴社会〟の現実をここで詳しく述べる必要はないであろう。大学の授業料はおろか、各種の予備校や塾にまで高い費用が投じられている。文字通りの〝教育投資〟である。このような教育投資が経済的に意味をもつのは、大学教育によって、さらには大学格差を通じて、卒業後に高い労働所得が得られるからである。高卒と大卒の間に大きな賃金格差があり、一流大学卒とそうでない大学卒との間にも大きな所得格差が生じる（と信じられている）。そのような労働市場や所得分配の構造が、高額の教育投資を意味のあるものにしているのである[9]。したがって、学歴社会や授業料の問題は、こうした経済構造の問題を抜きにしては議論できないのであるが、ここでは、単純化して、高い授業料には、大学教育が将来の高い所得を保障するという前提条件がある、ということを確認するだけにしておこう。

このような前提条件が成立しているとすれば、大学に進学するのも、そのために高い授業料を払うのも、それは将来の利益のための投資だということになる。もし、社会がこのようにできているのなら、政府は安んじて、大学の高い授業料を放任することができるであろう。それによって、大学の経営が成り立つし、学生（あるいはその親）は自発的にそれを支払おうとするからである。日本の大学の高い授業料は、このようにして成り立ってきたといってよい。

以上は、大学教育を個人の経済的な利益という観点から整理したものである。実際に大学に進学する若者やその親がすべてこのように考えているわけではないし、教育機関としての大学もそのような経済計算だけで成り立っているわけではない。大学の高い授業料という一つの制度を説明しうるとしたらそのような論理がありうるだろうというのが以上の議論の意図したところである。また、もちろん、このような制度がよいという意味で論じたわけでもない。筆者の評価は、むしろ逆である。

企業ブランドが意味するもの

一般に、大学については、日本やアメリカのように高い授業料をとるのが当たり前と考えられているが、前述したとおり、ヨーロッパ諸国では、通常、大学教育は無償である。では、授業料をとらないヨーロッパの国々では、どうして授業料をとらないのであろうか。高卒よりも大卒の方が高い賃金をとれるようにはなっていないのだろうか。もし、そうなっているとしたら、無償で大学教育を受けた人が高い賃金をもらうというのは不公平ではないか。個人の経済的利益の計算からすれば、こうした疑問が生じるに違いない。

これらの疑問に対する回答は、おそらく二つの面からなしうるであろう。一つは、個人の経済的な利益の視点からもある程度説明しうるということであり、もう一つは、大学あるいは教育というものに関する根本的な考え方の違いがあるということである。

まず、前者から考えてみよう。日本のようによい大学を卒業するとよい就職ができて、生活が安定する、と考えた場合に、就職のあり方、生活のあり方が問題になる。ヨーロッパでも、これらの点について、日本と同じような条件があるとすれば、先に掲げた疑問が解けない謎になるだろう。しかし、ヨーロッパでは、こうした点についての条件が日本とはかなり違っているのである。

第1に、大学を卒業することが日本のように簡単ではない。よく知られているように、入学するのは易しいが、卒業するのは難しいのである。特定の大学や大学に準ずる機関には難しい入学試験が課されるが、一般の大学は、高校卒業資格あるいはこれと同等の大学入学資格をとれば、どの大学でも入学することができる。したがって、大学は、入試の難易度で格付けられるような銘柄をもたない。日本のように有名大学をめざす受験競争は存在しないのである。大学卒業の資格は、したがって、一般的な通用性をもつものになる。特別に、そのために投資しなければならないような投資機会とはならない。

また、大学卒業後の就職の仕方も日本と異なっている。日本では、卒業と同時にいっせいに就職する新規一括採用慣行が支配的だが、ヨーロッパでは、そのような慣行はない。大学生の年齢には幅があるし、いったん高卒で就職してから大学に入る人の数も少なくない。反対に卒業できずに就職する人もいるし、卒業後に労働市場に数年滞留する学生も多い（それはそれで大きな社会問題だ）。また、いったん就職したのちに、能力しだいでより条件のよい会社に移ることも普通のことである。つまり、ある種の一流大学に入学すれば一流企業に就職できるというような固いコースは存在していない。もし高い授業料を払ったとしても、そのリターンは不確実なのである。日本のような高い授業料は、システムとして成立しにくい。

第2に、卒業後の就職において、一流企業とそのほかの企業との間の賃金格差が日本のように大きくない。先進国のなかでは、日本の企業規模間の賃金格差が大きいことが知られており、大企業に就職すれば高い賃金がもらえるだろうという一般に信じられている観念はかなりの程度妥当する。しかし、**ヨーロッパでは、賃金水準が、企業の規模によってではなく、学業資格と職業能力によって決まっている。その水準を決めているのは、労働組合と使用者（経営者）団体との間で締結される産業別の労働協約である。**たしかに、高校卒業よりも大学卒業の方が高い賃金を得られるのであるが、同じ大卒であれば、会社による違いは日本ほど大きくない。一般的にいえば、どの大学であれ、大卒であれば、一定の賃金水準が社会的に決められているということができる。

第3に、社会保障の水準が、一般に高い。日本で、激しい受験競争と高い教育投資が行われるのは、大きな安定した企業に就職しないと将来の生活が不安だ、と考えられているからである。新卒一括採用に加えて終身雇用的な慣行があるため、企業が倒産したり、なんらかの理由で失業したりすると優良企業に再就職することは絶望的に難しい。したがって、大学卒業時点で、そのようなおそれがないところに就職するに越したことはない、というのが一般的な考え方だ。

失業しても十分な雇用（失業）保険の給付があるとか、大企業を含めて再就職の道が広く開かれている（といっても規模間賃金格差は小さい）とすればどうであろうか。また、日本で生活費に大きな負担をかけているのは教育費と住宅費である。これらの費用がそれほど大きくないとすれば、将来に対する不安はそれほど大きくならないだろう。

ヨーロッパでは、大学の授業料が無償であるだけでなく、高校までの教育も一般に無償である。また、日本で始まろうとしている子ども手当のような家族手当が手厚く給付される国も多い。さらに、住宅に関しても、住宅手当などの公的給付がなされているために、日本のように重い住宅ローンをかかえるケースは多くない。医療は、無償か無償に近い（もちろん、税または、社会保険料拠出が支えている）。

このような生活のインフラストラクチャーにかかわる費用が公的に負担されている社会では、大卒と高卒の賃金格差があったとしても、純粋に経済的な動機からすれば、大学に進学するインセンティブはそれほど強くなくなるといえよう。

もっとも、日本について、賃金や生活保障という点からいえば、大卒か高卒かよりも、大企業かそれ以外の企業かという区別の方が大きな意味をもっている。企業規模間の賃金格差だけでなく、高卒・大卒を含めた大企業の雇用保障や年功型の賃金と企業内福利が、教育費や住宅費の負担を和らげる効果をもっているからである。そのような賃金や福利の担保のない会社に勤めた場合の負担感は非常に大きくなる。**ヨーロッパの賃金は年功的なカーブが緩いが、教育費や住宅費のような一定の年代で生じる費用の大部分が公的にあるいは社会的に負担されているのである。**

このような条件の違いを考えると、日本のように大学のためのもろもろの投資がそれほど大きくはならないことがわかる。しかし、それでもなお、高卒よりも大卒の方が、高い賃金（あるいは生涯所得）を得られるとすれば、大学については、授業料をとって大学を経営する余地もありそうである。そうなっていない理由は、したがって、経済計算だけでは説明できないのである。

そこで、先に述べた後者の面について簡単にふれておこう。

ヨーロッパの大学が授業料をとらない根本的な理由は、一部の例外（神学校など）を除いて、大学が国立・公立であり、国が国に必要な人材の養成機関として設立している点にある。義務教育と同様に、大学は社会に必要な人間の能力の形成の場とされているのである。**大学は、広い意味における公共的な事業、公共サービスなのである。**日本の国立大学も創設期にはそうであり、今日でも半ばそのような意味を与えられている。しかし、戦後の進学率の上昇とともに、私立大学への依存度が高まり、私立大学との公平の観点から国立大学の授業料も引き上げられてきた。結果的に、国立大学を含めて市場的なサービスとしての性格が強まってきたのである。

このような無償制の大学の意味は、市場的な大学制度とは根本的に異なっている。それは後者が、個人の経済的な利益の論理によって設計されるのに対して、前者は、国または社会の利益によって設計されるからである。無償の大学教育を受けた若者は、また社会の人びとは、教育の成果を、おそらく個人で独占すべきものとしてではなく、社会に還元すべきものとして捉えることになる。大学は、いわば、個人と社会との協業の場なのである。

さらに、もう一つの論点を付け加えれば、職業観の問題がある。日本では、「職業に貴賤なし」といわれながらも、企業のブランド、それと結びついた大学のブランドが社会的な威信を示すものとなっている。そうしたブランドが、人間の価値と直結するように錯覚されているのである。〝一流大学＝一流企業〟志向は、大きな教育投資の重要な動機のひとつになっているといえるだろう。

しかし、ヨーロッパでは、企業ブランドが日本ほどの威力をもっていない。大学についてはすでにふれたとおりである。ヨーロッパで重要な価値をもつのは、むしろ職業や専門性である。どのような会社に勤めているかよりも、どのような仕事の専門家なのかが重要な意味をもつ。それぞれの職業は、それぞれの独立した価値を有していると考えられているので、職業間の〝貴賎〟の度合いは小さい。そして、職業や職業上の地位と人間的な価値は直結していない。こうした職業観と人間観は、大卒と高卒の社会的な地位の差異も縮めている。いささか守備範囲を超えるぼうばくとした話になってしまったが、おそらくこうした社会的条件が、大学の無償制を社会的に受け入れられるものにしているのである。

教育機会の不平等

ヨーロッパ的な教育のシステムと比べると、日本の教育は、かなり個人主義的、市場的であるということができる。明治以来の日本の教育制度は、非常に国家主義的な性格が強いと見られてきた。今日でもなお、教育の内容に関する国の統制は強い。しかし、それにもかかわらず国際比較で見た国の教育投資の水準は低く、個人（親）の教育費負担は高い。

このような教育費負担が、個人によって私的にまかなわれる場合と、公的にあるいは社会的にまかなわれる場合とを単純化したモデルで考えてみよう。すでにいくつかの点を指摘してきたが、その特徴を理論的にまとめておきたい。さしあたり無償の義務教育（純然たる無償ではないことは前述のとおり）は除いてもよいが、私立学校、塾、家庭教師などの私的な教育費負担もこれに含んで考えるとすれば、義務教育のレベルまで含むと考えてもよいことにする。

このような意味での教育費のかなりの部分が私的に負担されている場合には、先に見たように、個人が負担する教育費は、個人がそれによって利益を受けるための投資と考えられやすい。そのような教育によって獲得した知識や能力は、個人の将来の利益を得るために使われるべきものと考えられる。他方、その費用を負担することができない個人は、そうした利益を得ることはできないが、それでもやむをえない（〝投資〟をしていないのだから）、と考えるのがこうしたシステムを支える基本的な考え方である。

教育を与える学校の側からするなら、そのような個人の需要に応えてサービスを提供すること、つまり一種のビジネスがその任務になる。おそらく、専門学校や予備校などが、これに近い存在であろう。現在の日本では、公教育の制度と公費を投入した大学などが存在するので、このような典型的なビジネスが全面的に支配しているわけではないが、広い意味での教育機関全体のあり方に、こうした個人主義的な論理が強く働いている。

教育を提供する側と需要する側を合わせた教育システムの現状は、経済社会の個人主義的な構成と対応している。経済社会が、自己利益を追求する個人を主体とする市場的な社会をモデルとして考えると、教育を一つの市場的な取引の対象として構想することができるのである。このような教育システムが望ましいという考え方は、市場的社会を社会のあり方として望ましいとする考え方と結びついているといえよう。両者は相互に、促進的な働きかけをし合うように機能する。

このような社会と教育のシステムにおいては、「自己責任」がほぼ絶対的なものとして観念される。教育の投資をするのも、しないのも自己責任であり、したがって、その結果がどうであれ、それは自己責任に帰属するものとなるのである。

他方、教育費を公的に負担する社会では、教育の観念そのものが異なってくるだろう。個人の利益だけのためのものであれば、公的な負担を必要としないからである。

歴史的な経緯を別として、理論的なモデルの問題としていえば、社会が教育に公費を投じるのは、それが社会にとって必要だからである。社会は、自らの必要としないものに財政資源を投下することはありえない。社会が民主主義的な社会であるとすれば、社会が必要とするものとは、社会の構成員である人びとが必要と考えるものである。社会が民主主義的でない構成をとる場合には、社会の人びとというより、社会（国）の支配者あるいはその官僚がそうした決定をするであろう。社会の構成がどのようになっているかによって、社会の必要は異なってくるかもしれない。教育制度の仕組みや教育の内容はそれによって大きな影響を受ける可能性があるが、社会の必要が教育の公的な負担を説明する点では同じである。

例えば、社会は、教育の機会が親の経済的地位によって左右されてはならないと考えるかもしれないし、社会の経済的能力を高めるために公的な教育制度が必要と考えるかもしれない。あるいは、社会の統合のために必要だという考え方もありうるだろう。しかし、いずれの場合でも、教育を個人の利益のための手段と考えるのではなく、社会全体の利益につながるものと考えるのが、こうした公共的に提供される教育の基本的な考え方である。

このようなシステムのもとでは、教育を受ける個人の立場や考え方も前者のシステムにおけるそれとは異なるものになるであろう。教育を受ける（勉学をする）か否かは、もちろん個人の自由な選択にまかされる（義務教育を除いて）。しかし、実際に教育を受ける機会が社会によって提供されているということは、教育を受ける個人からすれば、教育は社会によって提供される財産であり、したがって、その成果を社会に還元しなければならない、という考え方を与えることになるであろう。少なくとも、教育の成果を個人の独占物だとする観念は大分薄まるのではないだろうか。また、社会の一般の人びとの考え方も、大学のようなすべての人が行くわけではない教育の機会に社会の富を投ずるのは、高等教育が社会に貢献する結果をもたらすからだ、ということになるであろう。教育を受ける個人のアイデンティティは、「社会のなかの個人」というようなものになる。

したがって、前者のモデルにおいてそうであったように、教育を受ける個人の考え方とそれを提供する社会のあり方は、相互に強め合う働きをすることになるであろう。教育を社会の事業として提供する社会は、社会的な意識の高い個人を生み出すのであり、そのような個人が構成する社会は、教育の社会的性格をさらに強めるのである。このような社会において、教育への投資は、個人の「自己責任」ではない。「社会の責任」と観念される。したがって、教育の成果は、個人の利益に還元されるべきものではなく、社会に還元されるべきものとなる。もちろん、そのような社会によって提供される教育機会を十分に生かしうるか否かは、教育を受ける個人の、社会から課された自己責任である。

教育は、本来的に、他者（教師や同僚）の援助を必要とする。その意味で、純粋に個人の独力でなしうるものではない。そのために、相応の費用を必要とする。そのような費用を個人が負担しなければならないとすれば、また現実の経済社会において所得の格差があるとすれば（そして現実にそうである）、教育の機会は平等になりえない。つまり、教育費用の負担を含めて教育を「自己責任」の領域とすることは、実は、教育費負担のできない個人にとっては、教育（学習）についての個人の自由とその反面としての自己責任を果たしえないことになる。教育の機会から排除されてしまうのである。それは、通常、子どもや若者によって責任をとりえない経済的な「自己責任」によって、彼らが本来とりうる教育における自己責任の可能性を塞いでしまうに等しい。前者のモデルにおける「自己責任」は、実のところ、学ぶべき立場の人から、本来期待される自己責任の機会を奪うことを意味する。

教育の機会を現実的なものにすることによって、教育を受ける主体には本来の自己責任が生じる。そして、そのような機会を提供する社会は、個人的利益のみを追求する個人によって構成される社会（「自己責任社会」といえよう）では、ありえない。社会の構成員は、直接的には自己の利益にならない公共的な教育制度の費用を支出しなければならないからである。そのような社会は、教育を社会の共同事業とすることによって、共同的な社会としての性格を獲得することになり、またそのような社会だけが教育を共同的な事業となしうる。

注

7　今日の教育は、理論的にも、古典的人権宣言の「所有」における自己労働力の形成ということになるのであり、その意味では、「所有」の延長線上にある。

8　例えば、フランスの１９４６年共和国憲法前文、１９４８年イタリア共和国憲法（33条）など。ただし、フランスでは、革命期にすでに１７９１年憲法前文、１７９３年憲法の権利宣言（22条）が無償の公教育の原則を定めている。なお、これらの憲法では、生存保障に関する「公的扶助（secours publics）」（それは社会の責務とされている）の規定もあるし、終身的な家内使用人（召使い）を禁止し、雇用関係に関する規定も置いている。

9　経済学者であれば、次のように説明するだろう。大学に進学すると最低４年間は、授業料を払い続けるだけでなく、その間に働いていたなら得られたであろう所得を失うことになる。したがって、大卒者の賃金は、生涯所得においてこれらの費用を償還できる水準にならなければならない。日本で〝一流大学〟をめざす子どもが子ども時代から私立学校に行ったり、塾に行ったりする費用をかけているとすれば、そうした大学進学によって得られる賃金水準はかなり高いものにならなければならないことになる。日本における賃金格差は意外に大きいということを、これは示唆している。

3 雇用は「自己責任」か

前節では、日本の進学競争が企業の銘柄と結びついていることを指摘した。教育問題は、雇用や労働の世界と深く結びついているのである。では、企業の銘柄とはいったいなにを意味するのだろうか。また、大学の授業料に関連して、ヨーロッパでは賃金が企業外の横断的協約で定められており、これが企業規模間の賃金格差を小さくしていることも簡単にふれた。本節では、雇用や労働のあり方を少し広く考えてみることにしよう。

失業は「自己責任」か

もっとも単純な労働の市場について考えてみよう。日本的な雇用慣行と異なる欧米の労働市場は、そのような市場に近いものと一般に考えられている[10]。

市場における取引が一般にそうであるように、労働の市場における取引も、基本的には、提供される労働あるいは労働力の価値に対して、その対価である賃金が支払われる。雇用関係とは、労働力の提供に対する賃金の支払いの関係にほかならない。労働の市場は、労働の供給とそれに対応する労働の需要とが出合う場であり、この需給関係がうまく釣り合うように、自由な市場は作動することになる。労働の市場は、職種や産業、地域あるいは学歴ごとにさまざまな市場に分かれている。そして、市場一般がそうであるように、市場ごとに価格（賃金）の水準が形成され（市場賃金）、それに依拠して個々の労働の取引（労働契約）は行われる。労働力の市場の価格が、需要と供給の関係によって上下するのも、市場一般と同じ論理によっている。

　しかし、労働の市場には、そのほかの市場と決定的に異なる点がある。それは、**労働を提供する側が、生活をする人間であり、労働によって生計を立てている**ということである。したがって、そのような生活のために雇用の場を必要とする人が、低すぎる賃金であれば生活に困窮することになるし、雇用の場が得られない場合には、生活を維持すること自体ができなくなるという問題が生まれる。さらに、雇用の場で実際に従事する労働が過重であったり、労働時間があまりに長時間であったりすると労働者の健康が損なわれるという問題も生じる。雇用や労働に関する法制度や政府の政策が発展したのは、このような問題が労働の市場には付きまとうからである。

　こうした問題は、今日の日本でも、非正規雇用の低賃金や正規雇用の長時間労働にも典型的にあらわれている。**一つの基本的なポイントは、これらの労働問題が、労働者個人の責任によって生じているのではない**、ということである。19世紀の工場制生産の時代にマルクスが「産業予備軍」と呼んで失業の恒常的な存在を指摘したが、ケインズは古典派の市場均衡モデルに対して「非自発的失業」の存在を主張した。いずれにしても、失業が社会的現象であって、個々人の責任でないことは明らかである。

やや脱線するが、この最後の点について補足しておこう。最近の非正規雇用の若者や「派遣切り」で失業した若者には、自己の失業や非正規雇用を「自己責任」と考える人が多いといわれている。おそらくそのように考える理由は、世の中を見渡せば、同じ世代でも正規に雇用されている人はいる。そうできなかったのは自分の責任だ、というものであろう。

正規雇用されるように努力しなかったのは自分の責任だ、という考え方はそれとして理解しうる考え方である。厳しい就職状況でも、努力すれば正規雇用の就職ができたかもしれないということもたしかである。しかし、ある同一世代の若者が全員最大限の努力をしたとしよう。しかし、それにもかかわらず、正規雇用の採用数が限定されているとすれば、一定数の若者が正規雇用からはじかれることは明らかである。90年代の半ば以降や最近のように企業の新卒採用枠が減少すれば、失業や非正規雇用に甘んじなければならない若者が生まれるのは不可避なのである。はじかれた若者グループに着目していえば、そうした不運な若者が生まれるのは、いかに個人が努力したとしても、その意味で「自己責任」を果たしたとしても、避けられないのである。もっとも極端なケースを想定すれば問題はいっそう明らかであろう。それは、すべての企業が新卒採用ゼロとするような場合である。このような場合に、失業が個人の責任であると考える人は誰もいないであろう。したがって、先に述べたようにそのような若者が、主観的に、失業を「自己責任」と考える余地があるとしても、客観的には、「自己責任」（ここでは、個人の努力としておこう）が果たされているか否かにかかわらず、一定数の失業が必ず発生する場合があるのである。一定数の失業あるいは非正規雇用の発生は、個人の（とくに働く側の個人の）努力とはかかわりのない、社会的な現象なのである。したがって、それは、個人の責任において解決可能なものではないのであり、その解決が必要であるとすれば、社会がその解決の手段を探さなければならない。いわば、それは「社会の責任」（政府や企業の責任ということになろう）に属する問題なのである。

労働市場は、実際には、この失業の問題を含めて、個人の自由や責任だけで説明することはできない。市場の取引は、相手のある取引であり、労働力を買おうとする相手方がいなければ、取引は成立しない（失業）。また、市場価格は、個人では動かすことができないから、生活にこと欠くような非正規雇用の賃金を非正規雇用労働者の責任（あるいはそのような労働者の個人の責任）ということはできないのである。市場価格がそのようなものであり、それが望ましくないとすれば、市場の働きに任せるだけでは、問題は解決しない。

このような問題を解決するためには、市場を制御するためのなんらかの装置が必要とされるのである。

労働賃金の決まりかた

労働市場を制御する制度は、大きく二つの種類に分けることができる。一つは、前述したような政府（国）の法律や政策である。賃金の最低基準を定める最低賃金法や労働時間を制限する法律などがここに含まれる。もう一つは、企業や労働者が自主的にルールや制度をつくるというものである。労働組合や団体交渉、労働協約の制度はこうしたものである。両者は相互に影響し合っているし、また国によって、あるいは時代によって、どちらに重きが置かれるかも違ってくる。

具体例を挙げた方がよいと思われるので、日本ではあまり知られていない一つの物語を取り上げてみよう。１８３０年代のフランスの絹織工の争議である[11]。まず、時代が、一般的には自由放任の時代といわれる古典的自由主義の時代に属すること、フランスという国の特殊性があることに注意をしておいていただきたい。

フランスの代表的な絹織物の産地だったリヨン。時代は、正確には1831年である。事件の発端は、景気変動によって、絹織物職人の賃金が低下し、これに対して職人たちが公的な賃率の設定を求めたことにある。当時リヨン市には、経営者と労働者の代表が参加する労働審判所が存在していた。争議の斡旋や賃率の調整をする機関である。絹織工たちは地区ごとの委員会と市全体の委員会を組織しており、恒常的な情報交換と議論を行っていた。生産の組織は、親方職人のもとで数人の職人が働く小規模の事業場が主流で、絹織工賃は、糸を供給し、製品を買い取る卸商人が決定していた。今日的にいえば、卸商人が親方と職人の使用者の地位にある。仕事が減少し、工賃が下がるなかで、職人組織（親方職人と職人で構成）は、市当局に審判所の召集と賃率の設定を要求したのである。

しかし、経営者（卸商人）の側が消極的であったために、市当局の動きは鈍かった。そこで、労働者側の不満が高まり、ついにストライキが発生した。職人労働者たちは、武装して市庁舎を占拠し、工賃の引き上げを要求したのである。市と県は、国の援助も受けて軍隊を出動させ、市街戦が繰り広げられた。しかし、職人たちの決意はなかなか固かった。賃金水準が生存ぎりぎりのところまで下がっていたからである。「闘って死ぬか、働いて生きるか」というのが彼らの掲げた旗印である。闘いは敗北するかもしれないが、勝利すれば働いて生きていくことができるという意味である。今の賃金水準では働いても生きられないというわけである。職人たちが武装した背景には、当時のフランスが地区ごとに組織された民兵組織をもっていたという事情がある。絹織物の地区組織は、職人や親方職人で構成されていたために当然、職人組織の運動の側に立った。彼らは、市庁舎だけでなく、家族総出で軍の兵器庫まで占領してしまった。職人争議団は、1週間ほど全市を支配してしまったのである。この段になって、市当局も動いて、賃率協定の締結を卸商人たちに呼びかけ、今日でいう労働協約が締結された。市レベルにおける政労使の協議によって協定が締結され、協定は市長の命令という形で法的な強制力をもつものになったのである。この時期に、失業対策のための市の公共事業もなされている。

この19世紀の事件は、さまざまな意味で、今日の労働市場の特徴を示唆している。資本主義の初期の時代に、労働市場の特徴を包括的に示した一つの原型ともいいうるものである。一つの特徴は、賃金が地域的な広がりをもつ労使の交渉と協定によって決定されるということである。この時代には、このような争議によってはじめて協定が成立したのであるが、20世紀に入るとこれはヨーロッパではまったく一般的な現象になる。つまり、労働市場は、一般的には、1対1の個人的な取引の市場ではなく、労働の価格が集団的に取引される市場という特殊な性質をもっているのである。二つ目は、リヨン市の役割に見られるように、労働市場には、労使の対立を調整したり、失業の対策を行ったりするための政府の大きな役割があるということである。賃率協定の公布は、最低賃金制にも似た政府の役割を示しているが、ヨーロッパの多くの国には、労働協約を政府の命令によって一般的に拡張するという制度が定着している。さらに、労働市場において失業が生み出された場合、それに対する対策を講じるのは、政府の義務となる。リヨン市の場合でいえば、市民の安寧・福利をはかることが市政の目的であったからである。それは、今日の政府一般にも通用する。労働市場においては、政府の役割が大きい。そして第3に、こうした争議や集団的な交渉の制度、政府の役割を生み出した背景には、労使の間に集団的な利害の対立があるということである。それは、労働組合や労働運動の成長をもたらし、さらには、イギリス労働党のような労働組合による政党も生み出すことになるのである。

ヨーロッパ労働者のアイデンティティ

このリヨン争議における賃率協定は、全市に適用される、絹織業の工賃を定めている。つまり、事業所別や卸商人単位の賃率ではない。事業所や企業を超えて、ある産業について、地域的に普遍的に適用される賃率協定が、ヨーロッパの一般的な賃金協定であった。

このような協定が生み出されたのは、職人がひんぱんに事業所の間を移動するということ、職人がその専門職能についてアイデンティティをもっており、したがって事業所を超えた職人の間に強い連帯意識が形成されたこと、そして実際の賃金交渉をする主体である労働者の組織が地域に広がった組織であったということ、などによっている。職人的労働者のこうした移動は、中世ギルドの時代の遍歴職人伝統以来のもので、職人的労働者の組織は、一般に、クラフト・ユニオンと呼ばれている。

賃率協定は、企業や事業所を超えて横断的に適用されるという意味で横断賃率と呼ばれる。横断賃率は、一定の労働市場に普遍的に適用されるという点では、市場賃金と同じような性格をもっている。経営者からすれば、市場賃金と同じように動かしがたいものであるとすれば、それは経営の与件になるのであり、賃金に関しては使用者の間での競争はなくなる。それが市場賃金と異なるのは、おそらく市場賃金の水準よりも高い水準で決められるであろうということである。したがって、それは、一定の市場全体において機能する、市場賃金率に代替する賃金率という性質をもっている。ただ、市場賃金率が、個人主義的な自由取引の結果として、その総和として形成されるのに対して、協約による横断賃率は、集団的な、制度的な取引の結果として決定される。

ヨーロッパでは、20世紀に入ると、クラフト・ユニオン的な運動に代わって産業別の労働組合が発展する。産業別の組合が団体交渉を通じて形成した賃率は、熟練職種だけでなく、不熟練から監督職までの技能等級に沿った基本賃率を時間単価で決めている。大卒であれば、大卒者の賃率が別に協定されているのが普通である。しかし、いずれの場合も横断的な賃率であることは同じである。

そこで、ある労働者が就職する場合を考えてみよう。日本では、会社に就職するときに仕事の内容や技能水準はほとんど重視されない。よくいわれるように〝就職〟ではなく〝就社〟である、というのは当たっている。ヨーロッパの場合は、反対で、まさにどのような職（仕事）に就くのかが重要なポイントである。したがって、通常、採用される際に締結される契約（雇用契約または労働契約）には、特定の産業の特定の技能等級が、採用される労働者の仕事の内容と賃金の条件として書き込まれる。単純化していえば、特定の等級の技能をもった労働力が、協約によって社会的に決定された価格で売買されているのである。

このような労働市場では、ある会社を退社し、別の会社に再就職する場合にも、基本的な賃金や労働内容は変わらない。もちろん、就業経験によって技能等級が上がる場合もあるが、単純化すれば、ある会社に勤め続ける場合でも、転職した場合でも基本的な所得は変わらないと考えてよい。こうした労働市場の構造は、先に簡単にふれたとおり、労働者のアイデンティティを会社への所属よりも職業上の地位（専門職種と資格）に置くことになる。日本では、初対面の挨拶で「トヨタに勤めています」とか、「パナソニックに勤めています」というように自己紹介する場合が多い。そして、日本では、その会社が有名企業であれば、その人自身もまた紹介された相手方も、ある種の自尊と敬意の念を抱くのが普通である。ここには、日本の社会が、市民社会というより多分に〝会社社会〟的な性格をもっていることが示されている。労働市場のピラミッド的な構造が、社会の人びとの意識までをかなり支配しているということができるのである。

ヨーロッパでは、前述のような労働者のアイデンティティが、企業を超えた産業別の労働組合の基盤を形成している。近年はヨーロッパでも労働組合の組織率が低下しており（北欧は例外）、企業内的な賃金の上積み部分も大きくなっているといわれている。しかし、それにもかかわらず、労働市場の基本的な構造はなおこのようなものであるといえる。

企業の大小が賃金差を生まない国

ヨーロッパの労働市場はしたがって、一般に、単純な自由市場ではなく、法律や労働協約によって制御された市場であり、公共的な性質をもった市場である。

労働協約については右に見たとおりであるが、大部分のヨーロッパ諸国で、労働協約は70パーセントから90パーセントの雇用労働者に適用されている。ほぼすべての雇用労働市場が、労使の交渉と協定によって規律されているわけである。今日の労働協約は前項の賃金だけでなく、労働時間、福利厚生、教育訓練など幅広い領域をカバーしており、労働市場は、単なる経済的な市場ではなく、社会的な市場といいうるものになっている。ここで「社会的」というのは、賃金や労働条件の決定が、個人主義的な自由競争市場によってなされるのでなく、労働組合と使用者団体という社会的な組織によってなされるということ、賃金や労働条件が、労働者の生活や健康という金銭的価値に還元しきれない価値を含んで決定されるということ、そして、純粋に私的な取引の場ではなく、政府が関与する市場であるということ、などを意味している。

労働協約は、一次的には、私的な団体間の協定（契約）である。したがって、それは、締結するのも自由、締結しないのも自由、という契約の自由を基礎にしている。しかし、この団体間の契約は、個人的な契約（労働契約）に優先するという特殊な性格をもっている。

個人の契約を基本とする自由市場の枠組みからすれば、労働協約の効力は認められるべきではないかもしれない。そこで、このような自由市場の原則を修正して、労働協約の法的な効力を認める法律がつくられた。個別的な雇用契約の取り決めに対して、労働協約の基準が優先的に適用されることになったのである。こうした労働協約の効力は、専門用語では、「規範的効力」と呼ばれている[12]が、これによって労働市場を規律する強力な社会的な制度として認められることになったのである。イギリスやアメリカにはこうした法律的な制度はないが、ドイツやフランスでは第１次世界大戦直後に法律がつくられている。

今日のヨーロッパの労働市場は、そのような法律を基礎にして、労働協約の規制する市場となっているのである。こうした法律は、**労働市場が労使団体の間の団体交渉と労働協約によって規律され、適正な賃金と労働条件が実現することが望ましい**という考え方に立っている。労働協約は、そのような意味でも、つまり、社会的な生活の人間化、人びとのウェルフェアの社会的実現をめざす意味においても、「社会的」な性質をもっている。

さらに、ヨーロッパの多くの国では、労働協約を大臣命令で拡張するという制度もとられている。労働組合に入っていない労働者や使用者団体に加盟していない企業には労働協約が直接適用されないために、こうした未組織の分野に協約を適用するための手続きである。これこそ、リヨンの賃率協定が市長命令の形式をとったように、政府が直接に協約関係に関与することを意味する。こうなると、協約は単なる団体間の協定という性質を超えて、公的に強制力を与えられた公共的な規範ということになるだろう。労働市場は半ば公共的な制度になるといってもよい。アルベールが、「企業・賃金」について、「混合財」としての性質を認めたのは、ヨーロッパの労働市場にこのような特徴があるからである。この労働協約の拡張制度が存在するおかげで、労働組合の組織率をはるかに上回る労働協約の適用がなされている。もっとも極端な例はフランスで、労働組合の組織率は9パーセント程度しかないが、労働協約は90パーセントの雇用労働者に適用されている。

このような労働市場では、転職のもたらす不利益が小さいだけでなく、非正規雇用による不利益も小さい。**賃金は、仕事の内容とそれに対応する労働者の技能によって決定されるので、企業の違いや雇用形態の違いは大きな差を生まないからである。**

パートタイム、有期雇用、派遣労働について、今日では、ＥＵの指令が均等待遇を定めている。このような非正規の雇用形態であっても、同一の職場で同一の仕事をしていれば同じ待遇（賃金、教育訓練、福利厚生）を受けるべきだというわけである。例えば、パートタイムの労働者であっても、フルタイムの労働者と時間当たり賃金では同じにならなければならない。このような均等待遇原則が可能なのは、ヨーロッパの労働市場が、右に見たように、技能や仕事によって決まるからである。

男女の同一価値労働・同一賃金についても同様である。この原則は、ＥＵの前身であるＥＣ（欧州共同体）の発足時からの規範とされてきたが、その背景も、ヨーロッパ的な労働市場の構造にあるといってよいであろう。

手厚い失業保険

労働者が企業を超えて移動し、賃金や労働条件も産業単位で社会的に決定されるというような労働市場においては、失業も個々の企業の問題ではなく、社会的に解決すべき問題となる。ヨーロッパの手厚い失業保険や公共的な教育訓練制度の充実は、労働者が市場で生きているという実態に対応している。市場が雇用を供給しえないとすれば、社会がその補償を行うほかなく、また、技能に応じて移動する労働者の教育訓練は、これも産業や国などの公共的な、あるいは社会的な機関で行うほかないのである。

また、技能別の賃金が支払われるという仕組みのもとでは、子どもをもった場合の育児・扶養の費用が別にかかるので、家族給付などの社会保障が発展した。技能別のフラットな賃金については、ライフサイクルに応じてかかる費用は、賃金以外の社会的な給付によってカバーすることになったのである。ヨーロッパで社会保障が発展した理由の一つは、労働市場の構造にあるということもできるかもしれない。

日本では、最近かなり変化の兆候が見られるとはいえ、定年までの雇用保障と退職時における退職金が生活保障としての重要な役割を果たしてきた。いったん就職したら定年時まで失業とは無縁だ、というのが日本の雇用の典型である。また、教育費や住宅費の負担については、年功型の生活賃金によってカバーしてきた。いわば、日本的なシステムは、労働の市場のリスクやライフサイクルに伴う費用を、企業内にかかえ込むことによって解決しようとしてきたのである。労働の市場から発生するリスクから労働者の生活を守るために、労働者を市場から切り離して、企業組織のなかに囲い込むという方法がとられているといえる。

このような日本的な方法とヨーロッパ的な方法は、市場のリスクから労働者を保護する二つの対照的な方法であるといえる。日本では、労働者を市場から隔離することによって、ヨーロッパでは市場の周囲に社会的制度を発展させることによって、同じ目的を達成しようとしているのである。
しかし、日本の方式には、大きな欠陥があることが明らかになってきた。

日本的な労働市場

日本的な仕組みがうまく作動する条件は、すべての企業が、生活賃金を支払うことができ、終身雇用的な安定した雇用を提供しうるということである。こうした条件が与えられていれば、労働者の生活保障は個々の企業でそれぞれ別に行われるとしても、社会全体で雇用労働者の生活の安定が実現する。ほぼすべての企業が成長し、失業率も非常に低かった高度成長の時代は、これに近い条件が存在していたといえるかもしれない。

しかし、今ではこれは現実的な条件とはなっていない。高い教育費や住宅費をまかなえるような賃金を支払い、定年までの雇用を確実に保障しうるのは、優良企業とされる大企業や中堅企業に限られ、中小企業や零細企業では、賃金の年功カーブも緩いし、賃金水準そのものも低い。近年急増した非正規雇用については、ほとんどがフラットな賃金カーブであるだけでなく、その絶対水準はきわめて低い。そのうえ雇用の安定性がないのである。優良企業における労働者の生活の安定の半面で、生活不安をかかえた雇用労働者層が広範に生み出されている。

では、なぜこのような労働市場の分断がもたらされているのだろうか。

おそらく、一般に、自由な競争的市場は、一つの産業や業種のなかで競争力の強い大企業に成長していく企業と、そうでない企業とを生み出すであろう。大企業や独占の形成は、自由競争市場の必然的な産物である。のちに19世紀末のアメリカについて見るような状況（第三章4節）は、これとほぼ一致する状況を示している。そして、労働者の企業間移動が小さければ、収益率の高い企業の賃金は高くなり、そうでない企業の賃金は低くなる。また、大企業とそうでない企業が取引をする場合には、一般に、大企業の方が強い交渉力をもつであろう。とくに一つの大きな企業の需要に対して多数の企業が部品を納入するようなケースでは、納入側の競争によって、需要側の交渉力は強くなる。下請け的な関係、部品納入の関係などでは、大企業や親企業の支配的な力が発揮されることになる。そのような交渉力の差によって、交渉力の弱い中小企業や零細企業の収益率は低められる。また、労働集約的な産業や業種では、一般に、生産性が低くなるために賃金は低くなる。

つまり、**自由競争市場では、企業や産業の間に、収益率の格差が生じ、それは労働者の賃金の格差に連動する**のである。労働者の企業間移動が小さい場合はとくにそうであろう。日本の企業規模による賃金格差は、大部分、こうした自由競争市場の結果として説明することができる。したがって、日本のこのような構造は、とくに日本に特殊であるわけではなく、むしろ資本主義的な市場経済の一般的な帰結であるといえる。おそらくアメリカにも、同じように規模間の格差を見出すことができるはずである。

そこで問題はむしろ、ヨーロッパにはなぜそのような規模間格差が存在しないか、存在するとしても小さいかという点にある。その答えはすでに予想がつくであろう。**ヨーロッパで、企業規模による格差が小さいのは、すでに述べたように産業別の労働協約が賃金率を一律に決めているからである。**企業収益に応じたウェイジ・ドリフト（協約賃金に上積みされる賃金）によって企業間の格差は生じているが、自由競争市場で生じるであろうそれよりはかなり緩和されていると見てよい。そして、なぜそのような産業別の労働協約が形成されているかといえば、決定的な要因は、労働組合の組織のあり方と交渉のあり方によるというほかないであろう。なぜ労働組合がそのような組織のあり方になっているかといえば、先に見たクラフト・ユニオンのような職種別の技能形成と労働移動に始まって、文字通り、「労働市場」といいうる労働の市場が形成されてきたことによる。

日本の労働組合は企業別組合が中心になっている。そのために交渉の単位は企業であり、労働協約も企業の範囲を超えない。そして、企業規模が大きくなるほど労働組合が組織される割合が高まっているので、大企業セクターでは賃金や福利厚生に関して労働者の圧力が反映される度合いが大きい。しかし、中小企業や零細企業ではわずかな組織率しかないので、労働組合が賃金水準に影響を与える可能性は低い。競争的市場がもたらす収益率格差に加えて、労働組合のこうした組織状況が、大きな賃金格差を生んでいるのである。

もう一つ日本の労働市場には見落とせない特徴がある。それは、日本の労働市場が、「市場」といえないような特徴をもっているということである。いくつかの点にはすでにふれているので要約的に述べる。典型的な日本的モデルを想定すれば、労働者は企業に就職したあとは転職しない。つまり、いったん就職した労働者は、ずっと企業内に止まることになるから、労働の市場とは無縁になるのである。おそらく、ハローワークには一度も行ったことがないという人はかなりいるはずである。

では、このような労働者にとって、「市場」といいうるものはまったくないのであろうか。おそらく、あるとすれば、それは就職を決める時点にある。高校や大学を卒業して、どの会社に就職しようか、と考えているときは、彼（彼女）は、企業の〝銘柄〟や賃金条件などを見比べるはずである。他方、新卒者を採用する会社の側も、どのような学校のどのような人材を採用するかと、かなり手間隙をかけて人材の選抜に向かうはずである。このような場合に、〝就職戦線〟は、文字通りの労働市場といいうるのである。大企業は互いによい人材をとろうとするので競争になるが、その際に大企業の間に一定の市場相場賃金（初任給）が生まれる。中堅企業は中堅企業で同様である。

日本的モデルの場合の労働市場は、これが始まりで終わりである。日本の〝終身雇用(lifetime commitment)〟という言葉の創始者とされるアベグレンが、「欧米の雇用関係は『契約的関係』に近い」が、日本のそれは「従業員と企業の恒久的関係」になっていると指摘したのは、1950年代の終わりのことである[13]。アベグレンのこの指摘はおそらく今日でもかなりの程度妥当するだろう。〝市場〟が一般に、自由な契約関係によって構成されるとすれば、日本の雇用慣行は、かなり非市場的だということになるのである。

しかし、日本には、こうした典型的な日本的モデル以外の領域に、正真正銘の労働の市場が存在する。労働移動の割合の高い中小企業や零細企業、そして非正規雇用の市場がそうである。これらの市場においては、最低賃金制度などの若干の法律規制を除くと、市場自体を制御する社会的装置がほぼ存在しない。そしてさらに、実は、このような市場の方が、典型的なモデルとされているものよりも、はるかに大きなサイズのものなのである。

したがって、日本の労働市場は、島のように隔離された（大）企業のなかの生活保障システムを除くと、全体として、自由な労働市場としての性格が強いといえる。ヨーロッパのように労働市場全体を横断した市場の制御装置が整備されていないのである。

非正規の低賃金と正規の長時間労働

このような日本の労働市場の構造的な弱点が、バブル崩壊後の不況やリーマン・ショック後の不況で一挙に表面化した。

急増した非正規雇用の賃金・労働条件を規制するのは、最低賃金制や労働基準法の最低基準だけであり、それだけでなく、それらの法規の実効性を担保する社会的システム（労働組合や従業員代表制）がほとんど欠けている。コミュニティ・ユニオンなどの個人加盟組合が唯一の駆け込みの場になっているような状況が生まれているのはそのためである。その結果として、非正規雇用の賃金水準は、ほぼ完全に市場賃金の水準になっている。それは、企業内に労働組合がある（大企業）正社員の賃金水準とかけ離れたものになっているのである[14]。中小企業まで含む正社員の所得が日本の全般的な生活水準を決めてきたとすれば、非正規雇用賃金は、社会的な平均的生活水準にはるかに及ばないものになっている。今日の〝貧困〟は、そのような非正規雇用の拡大（一時的な家計補助ではなく、生計の主たる源泉としての非正規雇用）によって生じている。

また、非正規雇用には、企業による雇用保障が及ばない。「派遣切り」が典型的であるが、非正規の労働市場は、いわば「契約の自由」が支配しており、契約期間が自由に取り決められる仕組みになっているために、派遣期間の満了や契約社員の契約期間の満了は、まさに契約において当初から約束されたものとして、契約の終了を導くのである。また、「派遣期間」が終わる前に雇用を終了させた場合には、派遣先の企業と派遣会社との間での補償問題を生じうる（その具体的な内容は企業間の契約によるだろう）が、派遣先と派遣労働者との間にはなんの問題も生じないというのが、契約関係のロジックである。つまり、**非正規雇用の市場には、「市場」の論理である「契約の自由」を制約する制度や規範が著しく欠如しているのである。**２０１０年5月現在、国会で審議中の労働者派遣法改正案の行方は、このような観点からも注目される。

「契約の自由」がこのような場面でどのような意味をもつかは、説明するまでもなく明らかであろう。労働市場を「契約の自由」に任せれば、賃金や雇用に大きな問題を生み出すのである。日本の企業や労働組合（そしてかなりの程度法制度も）は、企業内における生活保障システムを構築することによって、このような「契約の自由」（自由市場）の弊害を免れようとしたのであるが、まさにそのために、労働市場そのものを社会的・一般的に制御する仕組みを貧困なままに放置してしまった。その結果として生じた今日の〝貧困〟は、日本社会の、社会としての「公正さ」に問題を投げかけている。われわれが「公正な社会」をめざすとすれば、雇用労働者に対して、ユニバーサルな（普遍的な）、つまり個々の企業ごとのではない、公正な雇用と所得を保障しうるような社会的な制度や規範を形成することが必要なのである。

他方、大企業の正規雇用モデルの世界にも深刻な問題が生じている。〝過労死〟や〝過労自殺〟に代表される長時間労働問題がそれである。メンタルヘルス問題が多くの企業で問題となっているが、これも同系列の問題である。

では、なぜ日本では、長時間労働が発生するのか。その原因はいく層かにわたっている。まず、法律の問題がある。日本の労働基準法は、1週40時間、1日8時間という法定労働時間を定めている。〝9時―5時〟で〝週休二日〟というような常識は広く知られているであろう。しかし、この法律の規定が、原則としてこの労働時間以上は働かせてはいけない、働かせれば法律違反となり、罰則を受ける、という意味をもっていることはあまり知られていないかもしれない。〝残業〟が当たり前とされているからである。現行法の重大な問題点は、この残業の限度についてきちんとした規制をしていないことである。〝36協定〟（労働基準法36条による）という労使協定を結びさえすれば、法律上はどれだけでも残業できるという仕組みになっているのである（行政的な指針だけがある）。そして、実際に、多くの企業でかなり長時間の残業枠が協定されている。もちろん、休日出勤などもかなり行われている。1日の残業が2時間までとか、週当たりの残業は8時間まで（週48時間の上限労働時間）とかいった法律規制のあるヨーロッパと比較すると、日本の法律規制のバケツには穴が開いている。

ヨーロッパでは、法律的な縛りが強いだけでなく、あるいは法律の制限があるからというわけではなく、残業はしないのが原則である。「夕食は必ず家族とともにする」、「休日に仕事をすることなど考えられない」というのが、ヨーロッパでの常識である。非常に長いバカンスがあることは有名だ。

このような実際の慣行を考えると、日本の場合には、雇用の日本的モデルそのものに問題があるということに突き当たる。

新卒採用されて、定年まで安定した雇用が保障されるという仕組みはたしかに安心感を与えるが、他方で労働者の企業への帰属意識を高める。この仕組みは、途中で辞められない（辞めると不利益が大きい）という仕組みでもあるので、労働者が安定した生活を維持しようとすれば、その所属する企業が順調に発展することが必要であり、そのために、企業を、いわばわがものとして、守り、発展させようと努力することになる。時間外労働や休日労働に関する法規制が弱く、業界に通用するような労働協約の基準も存在しないという条件のもとで、かつ他方に、激しい企業間競争が存在しているとすれば（多くの場合の日本の現実である）、製品のコストや品質のための競争が、極限まで労働が投入される結果をつくりだす。一般に実労働時間に関する世間相場は成立しにくいので、残業や〝風呂敷残業〟（自宅への持ち帰り残業）に関する上限が社会的に形成されず、底抜けの労働時間が現出することになるのである。これに加えて、グローバル競争の激化や成果主義による個人への負荷の増加が、状況を悪化させている。

過労死に関してしばしば問題にされる疑問に、人がなぜ死ぬまで働くのだろうか、というものがある。他者に強制されただけでは説明できないだろう、というものである。その、おそらく有力な説明は、先に挙げた企業業績の労働者自身の内心への内面化というものであろう。さまざまな外的な強制とともにそれを自ら受容し、内面化するプロセスがそのような結果を生むのである。ここでも、企業を超えたユニバーサルな雇用と労働に関する規範の必要性が示されている。

不平等を生みやすい仕組み

以上に見たように、日本では、労働市場におけるリスクは、企業がカバーする仕組みになってきた。そのような仕組みは、市場全体について見れば、市場を制御する規範が著しく弱い、放任された自由市場に近い。

このような雇用のあり方、市場のあり方は、〝よい会社〟に入るための「利己心」、〝よい会社〟に居続けるために、自社を強くしようとする集団的な「利己心」を生み出し、労働者の連帯を弱める。実際、大企業で働く、正規社員と非正規社員との間にさえ、連帯感情は生まれにくいのである。

さらに、このような市場構造は、社会のあり方さえ規定する。企業が生活賃金を提供し、教育や住宅を賃金によってまかなえるとすれば、社会的な、あるいは公共的なサービスを提供する必要がなくなるからである。高い教育費や住宅費が可能であるのは、年功的な生活賃金が企業によって支払われているためである。例えば、ヨーロッパの比較的フラットな賃金カーブに家族手当や住宅補助などの公的給付（〝社会的賃金〟）を加えると、日本の年功的賃金カーブにかなり似たカーブになる。ヨーロッパがそのようになっているのは、前述したように賃金が横断賃金で、職種や技能水準に応じた同一価値労働・同一賃金となっているからである。

このような会社による生活給的賃金を享受している人（およびその家族）にとっては、その所得によって有償の社会的なサービス（例えば、教育）を十分に受けることができるので、ヨーロッパ的なシステムとの違いは大きな問題にはならないだろう。しかし、すでに述べたとおり、会社による生活保障からはじかれている多数の人が実際にはいる。そうすると、**日本のシステムは、ヨーロッパのシステムに比べて、より不平等を生みやすい仕組み**（構造的な「格差社会」）だということができる。

そしてさらに、このような日本的システムでは、人びとが、会社の内部には強い関心をもつが、会社の外の社会には深い関心を寄せない、という傾向を生む。日本の社会は、会社ごとに分断され、社会全体としてのまとまりは弱い社会になるということになるのである。経済的にいえば、それは、公共的なシステムの弱い、市場的な性質の強い社会であるといえる。

注

10　クリアな分析としては前注6のロナルド・ドーア『イギリスの工場・日本の工場』を参照されたい。

11　Fernand Rude, *L'insurrection lyonnaise de novembre 1831: le mouvement ouvrier à Lyon de 1827-1832*, Edition Anthropos, 1969.

12　日本の労働組合法にも、労働協約の規範的効力を規定する条文がある（労組法16条）。

13　ジェームズ・C・アベグレン『新日本の経営』（山岡洋一訳、日本経済新聞出版社、２００４年）22頁。

14　非正規雇用は単純労働で、正規雇用は経験と技能を要する仕事に就いている場合などには単純に比較できない。しかし、正規と非正規が同じラインで労働している場合のようにほぼ同じ仕事に従事している場合もある。さまざまな複雑なケースを通じて正規・非正規の間の賃金格差は大きいであろうということ、そして、その格差が、労働組合の交渉力を背景とする場合とそうでない場合との違いによってかなりの程度説明しうるのではないか、というのがここでの趣旨である。

4　企業は誰のためのものか

アルベールはヨーロッパの「企業・賃金」を、混合財的なものとして位置づけていた。労働市場だけでなく、企業にも公共的な性質があるというのであろうか。少し基本的なところから考えてみよう。

企業と市場

対等な主体による自由な取引という市場の原型から見ると、たしかにもっとも大きな変化を生んだものの一つは、企業のシステムである。企業といっても大から小までいろいろだが、大きな資本を集積した大企業は、そのほかの企業、消費者、そして労働者との関係で、非常に大きな支配的な力を獲得した。そのような巨大に成長した企業を、単なる市場の一当事者として見るだけでは経済社会の現実は理解できない。

アメリカの反トラスト法、シャーマン法（１８９０年）は、市場を支配する〝独占〟を禁止し、20世紀初頭のセオドア・ルーズヴェルトやウィルソン大統領は、巨大トラストの解体を命じた。「ライン型」と対比されたアメリカにおいてさえ巨大独占の法律的規制がなされたことは記憶されておいてよい。第三章4節で後述するように、この時代にはアメリカは本格的な資本主義社会に突入していたのである。しかし同時に、この反独占法の思想が、対等な当事者による自由な市場（古典的な市場）を理想としていたことも注意されておくべきであろう。もっともこのような独占禁止法によって巨大なトラスト、巨大企業がなくなったわけではない。事実は反対である。こうした法制や政府の政策にもかかわらず、巨大な企業やトラストは成長し続けた。それは資本主義経済の、さらには市場というものの必然的な結果であった。

アメリカの独占禁止の考え方に倣って、日本の独占禁止法もつくられている。しかし、市場を支配するような独占を悪であるとする考え方とは違う考え方も存在した。シャーマン法がつくられたのとほぼ同じ時期に、ドイツでは、最高裁判所が市場での価格協定（カルテル）を合法とする判決を出している。裁判所の考え方はこうである。自由競争市場では、好況期にはものの価格が上昇し、それに応じて製造企業の生産は拡大する。しかし、いったん不況期に入ると増産した企業の生産能力はたちまち過剰になり、商品価格は急速に下落する。そして、失業が増加する。おなじみの景気のサイクルである。裁判所によれば、カルテルには、このような市場の急激な変動を緩和する機能がある。需要が増加したときは価格や増産の規模を業者の間で調整し、需要が減退したときはその逆である。景気変動をなくすことはできないとしても、そのマイナスをかなりの程度減殺することができるのではないか、というのである。つまり、カルテルには、市場の変動を抑制することによって、その社会的な弊害を最小限度に食い止める社会的な効用がある、というわけである。そして、現実の経済においても、ドイツは、カルテルの非常によく発達した国になった。カルテルは、企業間の協調を意味し、また、市場を自由競争に任せるのでなく、そのような協調によっていわば人為的にコントロールしようとするものであった。企業の立場からすれば、企業自身が、倒産や厳しい生産削減や人員整理から身を守ることがその動機である。第二次大戦後にはアメリカ的な独占禁止法が導入されるが、ここには、今日まで続くドイツの産業的な連帯の強さが示されている。

カルテルは、市場の変動から企業組織を守るために産業の世界から自発的に生み出されたものであるが、新技術の発展や経済構造の革新を妨げるという負の効果もあるとされている。今日、多くの国でこれが禁止されているのはこのような理由による。ジョセフ・シュンペーターの創造的破壊のような議論が正しいとすれば、大きな景気変動による社会的な犠牲も、経済発展のためにはやむをえないということになる。カルテルをどう評価するか、という問題は、どのような経済社会を望ましいと考えるかという根本的な問題とつながっている。それは、アメリカ型の資本主義とドイツ型の資本主義の、それぞれの長所と短所をどう考えるかという問題とも関連しているのである。ただ、いずれにしても、企業の成長は、市場そのもののあり方を大きく変えてきたということだけをここでは確認しておこう。この企業の世界においても、純粋の「自由競争市場」はそのままの形では存在していない。

企業とはなにか

通常の経済学では、企業を、市場において利益の最大化を求めて行動する主体として捉えている。それは、抽象的な主体であり、その意味では個人となんら変わりがなく、一つの点にすぎない。巨大な企業も、ある市場に登場するときは、一つの取引主体にすぎず、それ以上でも、それ以下でもない。

しかし、その実態においては、企業が、個人や独立自営の生産者と異なることはあまりにも明らかである。消費者である個人や労働者である個人、独立自営の生産者はどれも、実際に生きている人間である。しかし、企業は違っている。

この社会が、生きた人間でつくりあげられている、あるいはそのはずである、というのは、企業がまだ小さかった近代の思想だけでなく、今日のわれわれも容易に認めうるであろう。経済もまた、人間が社会的な生活をすることによってつくりだされた生産と交換のシステムである。経済は、本来は、人間が社会的に、つまり共同して生きるための仕組みの一つなのである。しかし、そうした経済のシステムにおいて、重要な役割を果たしている企業は、個人のような生きた人間ではない。ここに重要な問題がある。

本来、人間が主体となって取引をする市場に登場する企業には、したがって、人間に似せて〝法人〟という名が冠せられている。法律が、財産権の主体となったり、売買によって生じる権利・義務の主体になったりする人間に似せて、人と同じような法律上の地位を認めよう、というのが法人である。しかし、法律的に〝法人〟となったからといって、企業が人間になるわけではない。問題は依然として残る。人間の社会の基盤を形成している経済システムにおいて、人間がつくったものではあるが、人間ではない、企業という組織が、重要な役割を果たしているという問題が。

企業が、生きた人間と異なるのは、倒産したり、解散したりしても人の命にはかかわりがないという点によく示される。語弊があるかもしれない。倒産をして、中小企業の経営者が自殺したり、あるいは倒産企業の労働者が失業して、自殺したりすることもあるではないか、と思われる方もおられるであろう。しかし、これと企業の倒産とは別の問題である。企業の倒産自体は、資本の集合体である企業がそれまでの企業活動をやめて、資本を解体するという金銭的なことがらに止まるのである。企業の倒産によって、雇用されていた労働者が失業したり、あるいは個人資産を失う人が出たりする社会問題が発生しても、企業自体は、単にその資本と組織が解消されるというだけなのである。企業は、その意味で、自ら労働し、消費する人間とは異なる、資本の集合体である。そして、その資本の集合体は、資本の提供者の利益を増加させるために、企業活動による利益の獲得を唯一の目標とする。最近のCSR（企業の社会的責任）の議論や実際に企業経営にあたっている人の実際の考えとは違っているかもしれないが、企業というものが存立する基本的な原理はこのようなものである。そして、経済学が定義する企業もそのようなものである。したがって、企業は、期待したような利益が上がらない事業からは容易に撤退するし、規模を縮小したり、新分野への進出を試みたりするのも普通のことである。

しかし、問題は、このような企業が、実際には、非常に大きな社会的な役割を果たしているという点にある。企業は、市場における点のような存在とは非常に異なっている。第1に、企業は、場合によっては数万人にも達する非常に多数の労働者を雇用し、そのような多数の労働者に所得を与えている。市場経済においては、金銭的な所得なしには生活することができないとすれば、企業は、非常に多数の人間の生存を支えているのである。今日の日本では、多くの人が企業に、さらにいえばよい企業に就職したいと考え、よい企業に勤めている人はそれを誇りに思ったりする。それは企業が生活の基盤を提供しており、よい企業は安定した生活を提供すると信じられているからである。アメリカのビッグ・スリーの救済問題で、私企業への政府支援が問題になったが、政府支援が必要とされたのは、ビッグ・スリーが部品メーカーなども含めると膨大な数の労働者の生存の基盤となっていたからである。「利益の最大化」を求める営利企業が、その営利の目的を追求することによって、客観的には、膨大な数の労働者に雇用と所得の場を提供するという社会的な役割を果たしているのである。

第2に、社会における生産活動の大きな部分を、企業が担っている。石油や天然資源の採掘・輸入・加工、電力、紙、繊維製品、耐久消費財や住宅資材など、人びとが社会で生きていくうえで消費し、所有する生活必需品のほぼすべてが私的あるいは半ば公的な企業によって生産され、供給されている。こうした側面においては、企業は、明らかに社会的に必要な生産を担当し、社会的な機能を果たしている。自由主義的な経済学の祖とされるアダム・スミスがいうように、個々の企業は自己の利益を追求しながら、客観的には、社会全体の利益を高めている。以上の叙述では、いわゆる製造業を中心に書いているが、流通産業である運輸や商社、卸・小売などの産業も同様である。さらにそれらの企業の運営に必要な金融を含めてもよいかもしれない。要するに、ほぼすべての企業は、社会の必要を満たすという意味で、社会的かつ公共的な役割を果たしているのである。

もっとも、企業のこうした社会的な生産活動と企業本来の営利目的とが同時に、つねに両立するとはかぎらない。20世紀初頭のアメリカの経済学者ヴェブレンは、企業に「産業的企業（産業体制）」と「ビジネスとしての企業」があるとしたうえで、当時のアメリカ企業が〝ビジネス的企業〟、つまり営利だけをもっぱら追求する企業になりつつあると警告した[15]。今日のステイクホルダー論や社会的責任論と似た問題だといってよいが、客観的にこのような社会的な役割を果たしている企業も、営利という企業の目的から、大量失業や社会的富の独占といういわば反社会的な結果を生みうる。企業行動をどのように社会の必要と一致させ、社会への損害を生み出さないようにコントロールするか、という問題は、100年来の問題なのだ。

さらに、第3に、このようにして企業が社会的に意味のある生産活動を行うのは、そこで働く人びとの労働を通じてである。法人としての企業がそれ自体として生産をしたり、サービスを提供したりするわけではなく、あくまでそこで働く人間がそうした活動を行うのである。企業が行う活動の中身は、人びとの共同した労働、協業による。経済活動の実体面をいうなら、人びとが、企業という組織に集合して、そこで集団的に仕事、労働を行っているのである。企業は、その意味では、人びとが社会的に生活するために、社会的に共同して労働する、その場をつくっているといえる。そのような社会的共同労働の場としての企業が、資本提供者の私的な利益を目的とする組織でもあるということに、大きな問題がはらまれている。

このような社会的な意味を企業がもっているということは、当然、企業を単なる個人、あるいは私的な利益を追求する市場の主体としての個人のように見なすべきではないという考え方を生み出す。近代の人権宣言にあるように「人を害さないかぎり、なにごとをもなしうる自由」というような個人の自由に関する観念は、現代的な企業に対してそのまま適用することはできないであろう。人権宣言で想定していた社会で「人を害する」というのは、個人が他人を傷つけたり、その所有物を奪ったりする、単純で目に見える侵害である。大きな組織の企業が他人を害するといっても、それは、かつてのそれのように単純明快な形ではむしろ存在せず、純粋に正当な経済的な行為が、人びとの生活に大きな影響を与え、場合によっては生活の破壊までもたらすというものである。

企業が社会に存在し、社会に貢献すると同時に、社会に損害をも与えうるとしたら、社会は、そのような企業の組織や行動のあり方を、社会の目的に合致するようにコントロールし、誘導することが必要になるのである。ここでいう「社会の目的」は、さしあたり、クラシックな近代の理念でもよい。それは、すべての人が、自由と生存、幸福の追求を平等に保障されるはずの社会であり、ここでいう「人」は、紛れもなく生きている人（「法人」に対しては「自然人」という）を意味する。そうした人が経済活動をするためにつくりだした道具としての法人企業は、人権の主体としての人ではないのである[16]。当たり前のことだが、社会をつくっているのは人間だから、社会にとって一番大切なのは、生きている人なのであって、それ以外のものではない。

富豪の富は「公共のもの」

最近のCSRの議論は、このような観点から、企業の社会的な責任を果たそう（果たさせよう）というものである。企業は、自己の利益の追求だけに明け暮れるのではなく、企業活動の社会的影響力にかんがみて、商品の品質や環境への負荷、さらには労働者の労働環境などに配慮すべきだ、また社会的な貢献をさまざまなチャリティやボランティアの活動によってなすべきだ、という考え方のものである。

企業がこのようなCSRの必要性を自覚することや、社会が企業にそのような責任を求めることは悪いことではない。しかし、問題の本質は、先に述べたように、そうした企業の社会貢献がなされるとしても、企業の本来的な目的は、自己の利益を追求することにあり、また、自由な競争的市場のもとでは、そのための圧力がつねに企業経営に対して働くことである。CSRと並んで流行したコーポレート・ガバナンス（企業統治）の議論は、企業が最大限利益を追求し、それを企業の所有者たる株主に還元することが、本来の企業経営のあり方だ、と主張した。まさに正反対のベクトルの議論が同時並行的になされてきたのである。企業の目的とそのための企業活動の自由と、企業の社会的影響力から考えられるその抑制（自己抑制）との関係は、今日でもなお論争的な主題である。

ところで、生きた人間の個人の自由ではない、企業のもつ企業活動の自由とはなにに根拠をもつのであろうか。第三章で見るカーネギー、フーヴァーの議論では、アメリカの自由企業体制が建国以来の個人の「自由」に基づくものと主張されていた。

企業活動の自由を、個人の自由の延長として捉えられるもっとも容易な場合は、企業の原型として個人企業を考えてみるときである。個人企業の場合には、企業の資産はその個人の所有に属するものであり、企業の活動はその個人の活動そのものである。起業の自由と企業の自由は、いずれも個人の自由に属することになる。この個人企業が、2人または3人の共同企業（パートナーシップ）になった場合にも、事情はほとんど変わらない。個人の労働の自由、経済活動の自由、そして個人の所有権、それらがこうした企業の自由を形成している。

こうした企業が成長した場合でも、なおその基礎（とくに資産の個人所有）が変わらなければ、また多数の従業員をもつようになったとしても、従業員との関係を契約関係によって結ばれる自由な関係だと想定した場合には、個人の私的所有権と自由な契約に基づく、つまり個人の自由を基礎にした組織として構成することができる。その結果として得られるのは、巨大な企業であっても、建国以来の個人の自由と所有権の保障に基礎を置く、いわば個人の自由の集合としてそれを構成することができるということである。今日の段階でも、レーガン大統領の次の演説に同じような考え方を見出すことができる。

「すべてのアメリカ人がわれわれの生得の権利としての完全な自由、尊厳そして機会を享受するまで、われわれは歩みを止めないであろう。それは、偉大な共和国の市民としてのわれわれの生得の権利なのである。／

……アメリカが、個人的自由、自治そして自由企業体制を勇敢に支持するとき……／

……アメリカ革命（独立）が甦り、自由が新しい命を獲得し、アメリカが最善の状態に達するとき、時代は黄金の時代となる」（レーガン大統領の1985年就任演説[17]）

ここで、「自由企業体制（free enterprise）」は、建国期の個人的自由の一内容であり、生得の権利の一環である。そして、「自由とインセンティブは、意欲と事業家本能を解き放つ。それは人間の進歩の核心である」[18]と主張される。

このような考え方は、論理的には、誤っているとはいえない。企業の資産を最終的には個人の所有にまで解体することは可能であり、また、そのような所有の主体となる自然人がそれぞれ完璧な自由をもつと想定することも、論理的には可能だからである。そして、こうした論理構成の結果として導き出されるのは、ほぼ完全な企業の自由、企業活動の自由である。こうした企業の自由論は、それなりの説得力をもっているといってよいだろう。そのうえアメリカのような国では、しばしば個人の起業から大企業に成長する例がある。大組織の企業の自由と個人の起業の自由が等値され、前者までが人権のように尊い自由と観念される傾向があるのも不自然ではないといえる。

しかし、こうした考え方には根本的な問題がある。それは、企業を、私的な個人的所有と自由に解体することによって、企業の社会的な、あるいは組織的な側面を見逃すことになるということである。繰り返しになるが、人権宣言で構想された個人の自由と所有とは、自己労働をその対になるものとして想定していた。個人の自由と労働が所有を基礎づけていた。したがって、自己労働による個人企業と他人労働を集積した企業の「所有」の意味は、根本的に異なっている。企業が大規模化すると、企業の資産あるいは資本のみを所有することと、その企業の事業を実際に労働によって担うこととは別の人格に分裂し、さらには企業組織を経営する経営者の仕事も資産の所有とは別のものになってしまう。たしかに、大規模な企業でも、資本の大所有者が同時に経営も握るという例もそう少ないわけではない。しかし、そのような場合でも、経営活動は所有者個人だけによってなされるのではなく、多数の協業を不可欠なものとする。大企業体制について、所有と経営の分離、経営の専門経営者による支配という新しい事態を指摘したのも、アメリカの研究者であった[19]。株式所有が多数の株主に分散している一般的な場合には、そうした経営者支配がいっそう強まることはいうまでもない。**所有と労働が分離した、協業組織としての企業を、個人企業と同じように見ることはできないし、また個人と同じように自由な存在として見ることもできない**のである。

また、大規模な法人としての企業が、天然自然の自由のように承認されてきたわけではないという歴史的な事実もある。近代の初期において、株式会社は一般に認可制度のもとに置かれ、設立を自由とする準則主義に移るのはおおむね19世紀半ば頃である。設立が自由になったとしても、一定の基準や手続きが法律で規制されていた。このような株式会社をめぐる法制度のあり方は、株式会社形態をとる大規模な企業組織が、社会的な影響力を有しているからにほかならない。

企業は、前述したように、客観的には、社会的に組織された生産の場（ヴェブレンの「産業体制」）、あるいは共同的な労働の場という性質をもっている。したがって、企業は、その私的所有の集合体であるという性質にもかかわらず、社会的あるいは公共的性質をもっているのである。そのような意味において、企業は、社会からの監視や統制に服する面ももっている。

ビル・ゲイツは、私財を投じて慈善活動基金を設立した。ゲイツの個人としての行動は賞賛されるべきものである。しかし、その社会活動をゲイツ個人の善行と考えるべきではない。ゲイツの個人の所得に帰した富は、実体的には、マイクロソフトに働く多数のエンジニアやセールスパーソンの労働によって形成されたものにほかならないからだ。さらにいえば、おそらく世界に広がるユーザーから集められたものである。同じように財団を設立したカーネギーが言ったように、**富豪の富は、「公共のもの」**なのである。そのような公共の富が、どのように利用されるべきか、それを個人の意思に委ねてよいのか、というところに根本的な問題が潜んでいる。私的所有を基礎に構成される企業は、同時に、社会的、公共的な性質あるいは役割を有している。

注

15 ヴェブレンについては、宇沢弘文『ヴェブレン』（岩波書店、２０００年）参照。本文の議論は、Thorstein Veblen, *The Theory of Business Enterprise*, 1904.『企業の理論』（小原敬士訳、勁草書房、２００２年）参照。

16 日本国憲法第3章の人権規定について、「可能なかぎり、内国の法人にも適用されるものと解すべきである」という判決（１９７０・６・24最高裁判決・八幡製鉄事件）があるが、基本的な考え方としては大いに疑問である。

17 R. Heffner and A. Heffner (eds.), *A Documentary History of The United States*, 8th ed., A Signet Book, 2009 p.556.

18 Ibid., p.557.

19 Adolf A. Berle and Gardiner C. Means, *The Modern Corporation and Private Property*, Macmillan, 1932. A・バーリ&G・C・ミーンズ『近代株式会社と私有財産』（北島忠男訳、文雅堂書店、１９５８年）

第二章

アメリカ型「自己責任」

1 「自己責任」とはなにか

「自己責任」が重要なキーワードとして流布してから大分年月が経っている。言葉の内容からすれば当たり前に思われるようなことであるが、それがどうしてことさら強調されるのだろうか。あるいは特別な意味でもあるのだろうか。

「自己責任」をめぐる謎は深まるばかりである。

そこで、まず、この概念の基本的な意味から考えてみよう。といっても、「自己責任」の概念史をたどるというようなことにはあまり見込みがない。「自己責任」という用語はこの言葉がはやる以前にはそれほど使われていなかったと思われるからである。その理由は、おそらく通常は「責任」という言葉で十分だからである。「私に責任がある」「誰々に責任がある」といえば普通は済んでしまう。「私の責任です」というのを「私の自己責任です」という必要はほとんどないだろう。「自己責任」という言葉が独自に意義をもちうるとしたら、「それぞれの人の責任」、「各自の責任」というような意味を言いやすく表現することができるということかもしれない。そのように使われる言葉としての「自己責任」は、それが一般的な標語として使われる場合には、それぞれの人が、それぞれ責任をもっていますよ、という意味合いをもつことになるだろう。さらにいえば、そうした標語は、一人ひとりの人間をそれぞれ個人として切り離して、孤立させるというメッセージを人に与えることになるかもしれない。

こう考えてくると、この言葉が流布した時代のあり方との関連性が浮かび上がってくる。この言葉はおそらく、大胆な新自由主義的改革を断行した小泉首相の時代に登場したのではなかったか。「小泉改革」の基本的なコンセプトは、行財政改革のために、政府部門を最小限に切り縮め、市場機能をフルに活用するというものであった。「市場機能」とは、個々の市場のアクターを独立の利潤最大化の主体と位置づけ、相互に競い合わせるというものだ。〝競争〟もまた、小泉改革の基本的な用語であった。

「自己責任」は、このような「市場」の論理とよく適合する。市場のアクターは、一人ひとり相互に独立しており、市場取引は、完全な当事者の自由意思に委ねられるが、それゆえに当事者が決定した取引から生じるあらゆる結果は、取引者本人に全面的に帰属する。市場のアクターは、自由な意思決定によって取引をなすゆえに、その結果に関する全面的な自己責任を負うのである。この場合に、全面的な「自己責任」は、意思決定の完全な自由と表裏一体の関係にある。アクターが、完全な意思決定の自由をもっていない場合には、その人に意思決定の結果を全面的に帰属させるわけにはいかないからである。

このように考えてくると、「自己責任」は、「市場」や「自由意思」の問題と深く結びついているという見当をつけることができる。より一般的にいえば、「自己責任」は「自由」あるいは「自由市場」と対をなす概念であるということができるであろう。

しかし、これでもまだ疑問が残る。それはわかったが、「自由」も「市場」もずっと昔からあったのではないか、なんで今さら問題にするのか、という疑問がそれである。

これは、たしかにもっともな疑問である。この疑問に解答を与えるためには、おそらく、個人の「自由」が社会の基本的な編成原理になった「近代」にまで遡ってみる必要があるのである。

「自己責任」の美しさと非現実性

近代社会は、封建制の共同体的社会を破壊した資本主義的な市場と、政治的な革命(「市民革命」)に始まった。市民革命の思想の核心は、個人の自由と平等である。フランス革命の人権宣言は、人が生まれながらにして自由で平等であること、平等に自由であることを宣言し、「他人の利益を害さないかぎりにおいて、なにごとをなすのも自由である」という原則を闡明《せんめい》した。日本の近代化の時代に、福沢諭吉が「立身立国」[20]を唱えたとき、個人が自立し、まさに自己責任において身を立てることが、国を立てるうえでの土台だとされたのである。

＊近代の自由と平等を理解するうえで、もっともわかりやすい考え方を示しているのは、ジョン・ロックの『市民政府論』（あるいは『政府二論』。原著名の直訳は後者である）であろう。

＊天然自然の状態で、人間は、一人ひとりが一定の土地を耕作して自己と家族を養う食料を得ていた（と想定しよう）。そのような状態において、人は、誰からも強制されることなく、自由かつ独立な生活を営むことができる。人が生きる生活手段は、そのような土地と自己の労働力である（ロックは、そのいずれもが「所有（権）」の対象だと考える）。つまり、生存のための手段を所有するとき、人間は、自由かつ独立に生きることができるというわけである。ロックの議論は、このような状態からどのようにして政府がつくられるようになるのか、という話に発展していくが、ここで重要な点は、人間の自由と独立のためには、生存の条件が確保されていることが必要だとされていることである。ちなみに、ロックは、自己の生存に必要な（正確には自己の労働で耕せる）面積以上の土地は所有すべきではないということも主張している。十分に広大な土地があれば、すべての人間がこのような独立自営

の生活を営むことができるということになるのである。しかし、現実の社会においては、まさにこの点（すべての人が生活するために必要な条件をもちうるか）が問題になることは、のちの議論でふれることにする。

そして、こうした近代の理念は、単なる思想としてだけではなく、社会の構成原理として定着することになる。職業選択の自由（どのような職業を選ぶか、どのような仕事をするかは、個人の自由である）、私的所有権の保障（例えば、マイホームを奪われることはない）、契約の自由（どのようなマイホームを建てるか、あるいはどのような賃貸住宅を借りるか、あるいは日々どのような買い物をするか）、これらの自由は、すべての個人が経済生活をするうえで保障された自由になった。

こうして、今日まで、すべての個人が自由であり、かつ独立した存在であるという考え方が社会の根底的な原理として定着している。個人が平等であること、個人が自由で独立した存在であること、これらを否定する人は今ではいないであろう。また、そのような自由な個人が、自由な経済活動を行い、自由に生活を設計することを否定する人もいないであろう。

このような個人の自由を基本原理とする社会を望ましい社会とする考え方が**古典的な自由主義**であった。人権宣言にあるような個人の自由を最大限保障する社会をつくる、そのために封建制以来の遺物を破壊し、国家の不要な支配を排除する、それが古典的自由主義の眼目だった。ヨーロッパの場合には、教会の権威に対する信教の自由がこうした個人の自由のさきがけをなしている。個人の思想、信教、意見の自由も近代の自由の重要な構成要素である。

しかし、市民革命後の古典的な自由主義には問題があることが、すぐに明らかになった。現実の社会では、すべての人が自由で平等であるわけではなかったからである。

「すべての人が自由で平等である」というのは、理念や理想であって、**実際の社会に生きていた人びとがすべて自由で、平等であるわけではけっしてなかった**。市民革命の時代には、土地をもたない農場の労働者や使用人がいたし、貴族や大商人の家内使用人、そして都市の浮浪者などは、けっして自己の選択によって自由に生きているといいうるようなものではなかった。また、資本主義的な工業生産が誕生すると、女性や子どもなどの低賃金労働者が広範に出現し、それらの人には、物理的な生存さえ危ぶまれる状態が待ち受けていたのである。これらの下層の人びと（数としては大多数）には、すでによく知られているように、選挙権もなかったから、社会の平等な構成員としても見なされていなかったことになる。

19世紀の古典的自由主義の時代は、同時に、こうした資本主義化が進行し、労働運動や普通選挙権を求める運動が起きた時代である。**その当時の自由主義者は、こうした社会運動を「民主主義」と呼んで、「自由主義」に対する脅威として捉えた。**有産者エリートからは、「民主主義」とは烏合の衆の危険な政治参加を意味すると見なされたのである。今日では、自由と民主主義とをあたかも車の両輪の如くに考えるのが普通であるが、古典的自由主義の時代には、「自由主義」と「民主主義」が対立するものとして考えられていた。つまり、古典的な「自由主義」は、少数の有産者や社会の支配層にとっての自由を保障するものにほかならなかった。


この古典的な自由主義の時代は、近代の自由と平等が、理念や理想のレベルのものであり、現実の生活や社会において人びとがそのような理念を実際に享受しえたわけではないことをよく示している。

古典的な自由主義と最近の新自由主義との違いはなにか、なぜ改めて「新」と名の付く自由主義が風靡《ふうび》したのか、という問題は次節に残しておこう。ここで明らかなことは、「自己責任」についても、同じことがいえるということである。

個人が自由で独立した存在であるから、自由な選択が保障されており、したがって自己の選択については責任をとらなければならないという考え方は、おそらくだれもが受け入れる理屈であろう。それは、自立した個人に期待される当然の倫理だ。そのために、さまざまなことがらが、「自己責任」によって正当化された。それは、人びとに現実を受容することを強制する呪文としての力を発揮したのである。

しかし、どのような意味において「個人が自由で独立している」といえるのか、果たして「自由な選択」を可能にする条件がその個人にはあるのか、が問題である。「自己責任」には、**理念の美しさとその非現実性とがつねに同居していること**を忘れてはならない。

「自己責任」の条件

先に補注で紹介したジョン・ロックの議論を再び取り上げてみよう。

ロックにとって、**自由で独立した人間の根本的な条件は、生存が確保されていることで**あった。生存しうる条件なしに、人が自由であったり、独立したりしていることが無意味であることは、ロックがいうまでもなく、自明の公理である。生きるためには、人は自由を犠牲にしたり、他者に従属したりすることを受け入れるだろう。しかし、人は、自由や独立のために生存を犠牲にすることはない。いや、まったくないとは言い切れない。殉教や独立戦争のために生命を犠牲にする例も少なくはない。人はパンのためにのみ生きるのではない、という格言は崇高で、おそらく正しい理念であろう。しかし、これも実のところ、生存の条件がある状態において意思決定される行為を問題にしているのである。生存の条件が存在しない状態において、そのような状態に置かれた人間が、自由や独立を語ることはやはりできない。つまり、生存は、人が生きるということであるから、それが、自由であれ独立であれ、すべてを考え、語り合うための絶対的な前提をなしている。「生きるも死ぬも彼の自由である」ということによって、失業のために食事もとれずに死ぬような人の境遇を論評するとすれば、そのような論評は、人間的な感性の面で問題があるだけでなく、論理的にも倒錯しているといわなければならない。どうにかして職を探そうとしたが、結局職に就くことができない。そのような場合に、この状態が失業者が自由に選択したものであるということは、到底できない。

おそらく、重い障害によって労働することができないために、先の失業者と同じような境遇に置かれた人について、同じような論評をする人はいないであろう。この障害者の場合には、仕事ができないことが誰の目にも明らかだから、その不就労と無所得を彼（彼女）の「自由」の結果だとは誰もいうことができないからである。その状態が、彼が自由に選択した結果でないことはあまりにも明らかである。しかし、失業者については、先のような誤った論評がなされがちである。それはなぜなのだろうか。おそらく、こういうことになるだろう。彼が懸命に仕事を探せば、必ずなにか仕事があるはずだ。仕事を見つけずに食べられないのは、彼の努力が足りないためだ、などなど。つまり、この世の中では、誰でも働こうと思えば仕事に就くことができるはずである、という固定観念がこのような論評を生む素地になっている。誰でも働こうと思えば働き口を探せるような社会であれば、この論評は正しいといいうる余地がある。しかし、社会の側にそうした用意がない場合、つまり、働こうとしても働き口は見つからないような社会の場合には、論評はまったく正しくない。「自己責任」も同じである。個人の自由な選択によらず、社会的に余儀なくされた結果について、「自己責任」を語ることは誤っている。

失業は労働者の怠惰のせいだ、とする議論は、19世紀以来、いやもっと昔から各国でなされてきた。社会の現実を抜きにすれば、失業を怠惰のせいだと考えるのは易しいし、また為政者の立場からすれば、社会的な対策をとらなくてすむのでそうした考え方は好都合である。しかし、現実の社会は、いつも多くの失業や半失業をかかえてきた。

失業を例に挙げて考えてきたが、要点はこうである。「自己責任」という近代社会以来の基本的な原理は、それ（個人の責任）を認めうるような社会的条件との関係で考えなければならないということである。社会的条件を抜きにして、これを濫用するなら、それは、しばしば、不当な結果を人びとに強制することになりうる。

社会的資本主義の登場

ロックの時代は、いわば資本主義以前の農業社会の時代であり、しかも、ロックの議論は、理論的に想定した〝自然状態〟の社会に関するものであった。現実の社会が、それと異なるものであったことはいうまでもない。

そして、前述したように、古典的な自由主義の時代には、自然状態を前提とした理論と現実の社会とのギャップは非常に大きくなっていた。19世紀の末ごろになると、古典的な自由主義と自由な市場経済の組み合わせは、大きな社会的な批判にさらされるようになる。そうした批判の代表的な理論が、カール・マルクスのそれであったことは周知のとおりである。しかし、マルクスにかぎらず、この時代には、さまざまな社会主義の理論や社会改良の理論が生み出され、自由主義的市場経済の仕組みを根本的に見直すことが必要だという考え方が強くなっていた。資本主義は、大きな変革期に差し掛かったのである。

この時代の社会や経済の変化、思想の変化を短いスペースで語ることは不可能である。

しかし、あえてこのような変化を貫いている考え方のエッセンスを要約すればこういうことになるであろう。

一つの基本的な問題は、近代社会の理念である個人の自由を現実的なものにするためには、それを可能とするように社会の仕組みを変えることが必要だ（前述の社会的条件）ということである。そのように考えるとすれば、人間を、抽象的に自由な個人（ロックの「自活する個人」あるいは人権宣言の「自由な人間」）として措定するのではなく、社会において現実に生活している個人として考えることが必要だということになる。そのような現実に生活している人間が、実際に人間としての自由を享受しうるような条件をつくることが問題になる。人間の自由の基礎は生存にある。したがって、生存自体が危うい状態に置かれている個人には、社会が生活を保障する仕組みをつくることが必要だということになる。

資本主義社会において、それは可能なのか。それは可能でない、したがって、資本主義を打ち壊さなければならない、というのがマルクスをはじめとする社会主義者の考え方であった。しかし、資本主義はマルクスの想定と異なり、こうした問題を解決する仕組みを少しずつ受け入れながら、生き延びた。資本主義は、いわば自己変革をすることによってこの新しい状況に対応してきたのである。

イギリスでは20世紀初頭に国民年金や失業保険などの社会保障の萌芽が生まれるが、当時のイギリス自由党は、「新自由主義」という考え方をとったといわれている。この場合の新自由主義は今日のそれとは反対の意味で、従来の自由党の古典的な自由主義を修正して、個人の生活に社会が責任をもつことを認めることを意味していた。イギリスは、古典的な自由主義の本場だったので、イギリス自由党のこうした政策転換がもつ意味は大きい。

もう一つの重要なポイントは、古典的な自由主義が敵対していた「民主主義」を受け入れるべきだという考え方である。イギリスでは、19世紀前半から普通選挙権獲得運動が展開されるが、とくにそれは労働運動の重要なテーマになっていた。もともと、「すべての人の自由と平等」を謳った近代社会の原理からすれば、政治社会の構成原理においてもすべての人が平等の参加権をもっていなければならなかった。しかし、植民地社会から発展したアメリカを除いて、ほとんどの国において、古典的自由主義の時代は制限選挙制の政治体制をとっていた。近代社会の理念にもかかわらず、政治の世界は、少数の有産者（当時の社会に即していえば、貴族、大地主、大商人、産業家など）に独占されていたのである。これは、近代社会の出発点におけるアノマリー（不整合）ともいうべきものであったが、19世紀末から20世紀初頭にかけて各国で普通選挙制が実現する（それでも女性の参政権は遅れて、第2次世界大戦後まで待たなければならない国も多い)。

また、「民主主義」のもう一つの要素が労働組合である。イギリスの労働党が20世紀初頭に労働組合によって結成されたように、19世紀末前後から労働組合の運動は政治的にも経済的にも重要な社会のアクターとして登場してくる。古典的な考え方によれば、労働者は個人として自由な存在であるため、集団をつくる必要はないと考えられていた。しかし、現実の経済社会における労働者の弱い立場からすれば、労働者が自由な主体として交渉するためにも集団を形成することが必要だった。アダム・スミスは、雇い主が暗黙の団結をしているのだから、労働者の側が団結をすることも自然なことだと述べている。労働市場の現実は、『国富論』(1776年)の時代からすでに、抽象的に考えられたような個人が自由に契約する場ではなかったのである。しかし、労働組合が法的に公認されるようになるのは、19世紀後半になってからであった。

このような考え方が一般化することによって、古典的自由主義の時代は、現代的な自由主義の時代に、古典的な資本主義の時代は、現代的な資本主義、あえていえば社会的な資本主義の時代に変貌したのである。

現代に至って、個人の自由は単に理念として保障されるだけでなく、現実に、そして必要な場合には、社会の援助や仲間の助け合いを通じて、実現されるべきものと考えられるようになった。言い換えれば、**社会は、すべての個人に自由と生存を保障する責任をもつ**、そのような社会として考えられるようになったのである。そのような社会のあり方が、一部の有産者だけではなく、すべての個人が主権者となった社会（そのような意味での民主主義社会）の一つの帰結であったことはいうまでもない。

このような現代社会においては、「自己責任」も古典的な自由主義の時代のそれとは異なったものになる。古典的に自己責任とされた失業の社会の責任への転換（ケインズの「完全雇用」）は、そのなかでももっとも重要なものの一つであろう。さらに、雇用所得を得られない人（失業者、高齢者、障害者など）に対する生活保障（失業保険、年金、社会扶助）、医療の保障（公的医療、医療保険）、公費による義務教育、さらには住宅（公共住宅、家賃補助制度）など幅広い生活領域について公的な生活支援制度が形成された。これは、これらの生活問題を個人責任に放任することの実際の結果があまりに非人間的であったという歴史的な経験に根ざしたものであった。

ネオ・リベラリズムへの転換

しかし、資本主義の歴史はもう一度反転する。

「自分のことは自分でしなければならない」という当たり前のことが、その当たり前のこととしてではなく、社会の仕組みをもう一度組み替えるための議論として主張されるようになったのである。「自己責任」や「説明責任」が日本の経済社会のあり方を変える「構造改革」の議論として登場したことにそれはよく示されている。今日語られる「自己責任」は、したがって、個人の倫理、モラルの問題として議論されているのではなく、社会や経済のあり方の問題として議論されていることに、改めて注目しておかなければならない。

「自己責任」をそのような社会のあり方と関連する問題として捉えるなら、それは、今日の社会・経済にかかわる思想である。かつての古典的自由主義がそうであったように、**今日の自由主義、ネオ・リベラリズム（新自由主義）は、社会のあり方を「自由な個人」を基礎とするという原理に立って、社会の責任を最大限切り縮めようとしているのである。**そこでは、理念としての「個人の自由」は同時に現実的なものと見なされ、したがって政府や社会による援助や支援は不要であるとされるだけでなく、おうおうにして「個人の自由」を阻害するものとさえ見なされる。そのような「自己責任」は、しばしば「アメリカ型の自己責任」と観念され、あるいはグローバル・スタンダードの考え方とされたのである。

では、100年ほどの長い時間をかけて築き上げられてきた団結権や社会保障などの社会的な資本主義の仕組みが、なぜまた否定されようとしているのだろうか。また、そのような考え方はどの程度現実社会に妥当性を有するものなのだろうか。「自己責任」の問題は、そのような歴史的な意味をもつものとして、また社会のあり方にかかわる問題として考えられなければならない。

注

20 「一身独立して一国独立するとはこの事なり」とある。福沢諭吉『学問のすゝめ』(岩波文庫) 28頁。

2　ネオ・リベラリズムの台頭

日本が選択したネオ・リベラリズム

ここまでで、「自己責任」が単なる個人の心構えや倫理の問題ではなく、社会のあり方、経済や社会保障制度のあり方に関連する問題であるということを確認した。それは、個人の自由と自立を強調するネオ・リベラリズム（新自由主義）の時代の標語である。

では、そのようなネオ・リベラリズムの時代は、なぜ、どのようにして生まれたのか。

世界史的に見ると、ネオ・リベラリズムは、イギリスやアメリカなどもともと自由主義の伝統の強い国で、1970年代の後半から1980年代にかけて台頭した。名目上は個人の自由、企業の自由が掲げられたが、実際には、企業の利潤形成の自由を回復することが目標であった。個人の自由、企業の自由がそれほど問題だったわけではない。70年代の世界経済の混乱とスタグフレーション（インフレと景気停滞の同時進行）のもとで、経済の立て直しをはかること、労働組合の力を減殺して、企業利潤を確保する体制をつくること、それがネオ・リベラリズムの実際的な目標だったのである。

サッチャー政権やレーガン政権の政策にはそうした特徴がよく示されている。サッチャー政権は「小さな政府」を旗印に公営住宅の払い下げや社会保障政策の再編を行い、労働組合に対しては個人の基本的人権としての「個人の自由」を掲げて、争議行為の制限やクローズド・ショップと呼ばれる組織強制の禁止を行った。そして、緊縮的な財政金融政策を行うことによってインフレの沈静化を最大の課題とした。緊縮政策は、急速な失業の増加をもたらしたが、それもやむをえない痛みとされたのである。

また、レーガン大統領は、就任早々の時期に起きた航空管制官ストに対して、全員解雇、軍関係者等による代替という強硬な弾圧を行った。ただ、レーガン政権の場合には、単純な緊縮政策がとられたわけではなく、タカ派の対ソ政策のために大規模な軍拡が行われたので、財政政策としてはむしろケインズ主義的な性質を帯びることになったといわれている。

サッチャー、レーガンのこうした強硬な政策は、社会保障や労働運動によって硬直化した経済がインフレの原因をなしているため、これらを取り除けば自由な市場経済が復活するという考え方に基づいている。20世紀初頭のイギリス自由党の「新自由主義」と言葉は同じだが、この時期のネオ・リベラリズムは、自由な市場を制約する（と考えられた）政府の介入や労働運動を排除して、自由な資本主義経済を回復しようとしている点で、正反対の方向を向いている。

日本に〃輸入〃されたネオ・リベラリズムは、このようなイギリス、アメリカ流の考え方であった。しかし、日本経済は、当時石油危機後の経済対策のために財政赤字が累積していたが、〃イギリス病〃と呼ばれたようなイギリス経済のような状況ではなかった。むしろ、日本経済の石油危機からの立ち直りは早く、欧米諸国がスタグフレーションに悩んでいた時期に、失業率もそれほど高まらず、インフレ率もそれほど深刻なものではなかった。日本企業の国際競争力は、『ジャパン・アズ・ナンバーワン』（エズラ・ヴォーゲル、１９７９年[21]）と評されるような好調の経済だったのである。そうした日本経済の状況からすれば、もう一つの資本主義経済、西ドイツ（当時）やスウェーデンなどのような社会的な制度の充実した資本主義をめざすことも可能だっただろう。

それにもかかわらず、日本の政府や財界が選択したのは、アメリカ、イギリス的なそれであった。地理的な遠近、経済交流や政治的紐帯《ちゅうたい》の強弱、情報交流の量の差なども作用したと思われるが、その基本的な理由は、国内政治における資本の側の発言力の強さ（労働の側の弱さ）にあったといってよいであろう。ドイツやスウェーデンでは、労働側の発言力が強く、とくにスウェーデンでは、30年代から70年代にかけて40年以上も労働側の政権が続いていたからである。そうした国では、同じ資本主義といっても、随分違う資本主義の社会が実現していた。

この時期に財政赤字の解消のための増税構想に直面した財界は、これに徹底的に反対した。増税の前に公的部門のスリム化、合理化をすることが不可欠だと主張した。1981年に設置された第2次臨時行政調査会（第2臨調）は、「財界主導」の「増税なき財政再建」をめざすことになった。第2臨調によれば、「自立自助」、「民間企業の活力」、「市場メカニズム」を基本とする、「小さな政府」と「活力ある市場経済」が望ましい経済社会のあり方であるとされ、〝行きすぎた〟社会保障は、「国家依存的な国民」をつくりだすとされた。具体的には、行財政経費の削減のために、当時の3公社（国鉄、電電公社、専売公社）の民営化、社会保障経費の削減、教育の見直し、農林業に対する産業補助の削減などの施策が提案された。一般に、増税は国民の反発を生みやすい。第2臨調は、そうした国民感情をうまく利用して、〝国民運動〟として「行革」と「小さな政府」のスローガンを広めたのである。

しかし、単に増税に反対するというような〝国民運動〟のレベルの認識は、必ずしも事態の本質をつかむものにはなっていない。外国の、しかもずっと昔のことに飛んでしまうが、イギリスの1846年の小麦条例（穀物法）廃止の例がわかりやすい。これは有名な事件なので知っている読者が多いと思われるが、外国からの小麦輸入の自由化はイギリス国内の小麦生産者（当時は貴族、大地主による経営だった）には不利だったが、労働者の賃金に関連するために産業資本家には有利なものだった。小麦条例廃止はしたがって、貴族階級に代わって産業資本家の政治的な支配権が確立されたことを示したものと歴史的には評価されている。この例を下敷きに考えると、第2臨調の、公的部門の経費や農業予算の削減などは、輸出を中心とする製造業資本の利益を体現していたということができる。「ジャパン・アズ・ナンバーワン」の国際競争力を誇った輸出製造業企業は、さらに国際競争力を高めるために、国内における公的負担を最小限化することを望んでいたのである。一つひとつの輸出企業の立場からすれば当然の要求である。

こうした第2臨調の内実からすれば、「小さな政府」の日本型ネオ・リベラリズムには、国際市場の自由化と経済の国際化の進展という背景があったことがうかがわれる。

フリードマンのベストセラー

もう30年も前に、アメリカの経済学者ミルトン・フリードマンの著書『選択の自由』（1980年）[22]が翻訳出版されてベストセラーになった。イギリスのサッチャー政権の成立が政治の世界におけるネオ・リベラリズムの嚆矢《こうし》をなしたとすれば、フリードマンのこの著書は思想や経済理論におけるネオ・リベラリズムの世界的な広がりを象徴するものであったといってよいだろう。

この時期に、日本では、財政赤字が問題とされ、大平首相の一般消費税構想が挫折し、まもなく中曽根内閣のもとでの第2臨調が始まろうとするときであった。第1次石油ショック後の不況のもとで、財政危機や福祉国家の危機が叫ばれ、「小さな政府」が声高に主張された時期に当たっている。『選択の自由』がベストセラーになった背景には、こうした世相が反映されていた。

フリードマンは、ずっと以前に『資本主義と自由』[23]という本を書いており、また、専門的には、世界恐慌を分析した論文などで、貨幣供給量を物価変動（インフレ）の決め手とする貨幣数量説を標榜した、反ケインズ主義経済学のリーダーであった。

『資本主義と自由』の論旨は単純明快である。資本主義における経済的自由は政治的自由と民主主義の基礎であり、両者を切り離すことはできない。経済的自由なしに、政治的な自由と民主主義はありえない、計画経済の社会主義にはしたがって政治的自由がないのだ、というのである。このフリードマンの主張は、古典的な自由主義は民主主義と敵対的であったので、歴史的事実からすれば誤っている。また、開発独裁のような政治が存在するため、資本主義が政治的な民主主義と相補的な関係にあるということもできないので、この主張は、一つの主張として見るほかないが、問題はむしろフリードマンの市場経済そのものの評価にある。

フリードマンによれば、市場経済は、政府の干渉や法律の規制がないときに（厳密には、私的所有権の保障や損害賠償の司法手続きなどの法制度は不可欠のインフラとされている）、もっとも効率的に、かつ公正に機能するとされている。したがって、政府の経済活動、規制や財政支出は最小限に止め、企業や個人の経済活動の自由を最大限保障することが肝心だというわけである。それだけではない。最低賃金制度や労働組合の団体交渉は、市場の機能で定まる賃金率の水準を超えて賃金を引き上げるために、低い賃金率であれば雇用されたはずの労働者が、雇用されずに失業に陥るというのである。労働組合については、アダム・スミス以前に逆戻りしている。公平を欠くといけないので、一言付け加えておけば、無所得の困窮者については最低限のセイフティ・ネットが必要だということをフリードマンは認めている。しかし、それは、あくまで例外だ。フリードマンの基本理論からは説明しえないからである。したがって、強制加入の公的な年金保険や医療保険制度にもフリードマンは反対する。それらは、個人の自由意思に基づく任意保険（商業的保険）によればよいのだというのである。

フリードマンの処方箋

もう一つ、ネオ・リベラリズムのポイントを挙げておこう。それは、ネオ・リベラリズムがケインズ主義の批判として登場したということである。

ネオ・リベラリズムが「ネオ」であるゆえんは、正真正銘のリベラリズムがかつて存在していたからである。ここでは、古典的リベラリズムと呼んでおこう。古典的リベラリズムの起源は非常に古い。代表的な経済理論としては、アダム・スミスの『諸国民の富』(『国富論』)が挙げられるのが常であるが、この本が書かれたのは、1776年である。これは、奇しくもアメリカの独立宣言と同じ年であり、資本主義の歴史からすれば、イギリスの産業革命が進展していた時期にあたる。

古典的リベラリズムの問題点は、先に述べたように、社会問題に対する適切な回答を用意することができなかったことであり、とくに19世紀末の大不況期や1929年の世界恐慌期のような大失業を生むことになったのである。端的にいえば、自由市場のメカニズムは、時として、大きな破綻を来たすのである。こうした自由市場の気まぐれに処方箋を与えたのは、J・M・ケインズであった。

ケインズによれば、自由市場を放任すれば、ある時期には労働需要が減少し、失業(非自発的失業)が発生する。そうした失業の発生を予防するためには、政府が財政政策や金融政策によって労働（雇用）需要をつくりだすことが必要であり、かつ、そうすることによって失業を防止することができる、というのである。いわゆるケインズ主義政策のエッセンスはここにある。そして、ケインズ以後、「完全雇用」が政府の政策目標として掲げられる時代になった。最近はあまり強調されないが、日本でも、70年代くらいまでの経済白書や労働白書、あるいは政府の経済計画には必ずこの目標が掲げられており、雇用対策法という法律には現在でも「完全雇用」が雇用政策の目標として掲げられている。

しかし、ミルトン・フリードマンは、そうしたケインズ主義の財政政策（大きな政府）は、インフレを惹き起こしたり、民間市場を圧迫したりすることによって、経済をむしろ停滞させると批判する。百害あって一利なしというわけである。実際、前にもふれたスタグフレーションの時代には、政府の財政金融政策がうまく作動せず、インフレと高失業が併進するという現実があらわれた。ケインズの処方箋は効かない、ということになった。こうした状況は、世界の経済学をリードしていたアメリカ経済学の様相を大きく変えることになった。ケインズ主義あるいは「新古典派総合」の経済学（ケインズ経済学と新古典派経済学を総合した経済学の潮流。ポール・サミュエルソンの『経済学』は日本でも翻訳され、スタンダードなテキストになっていた）が急速に衰退し、政府の需要管理の役割を否定する新古典派経済学やマネタリズムの経済学（日本でも「シカゴ学派」として有名になった）が台頭した。「市場にまかせよう」というネオ・リベラリズムの経済理論である。フリードマンのマネタリズムは、イギリスのサッチャー改革の指導理念にもなった。

それまで経済学における少数派だったフリードマンやその先輩ともいえるフリードリッヒ・ハイエクの理論が注目されるようになったのは、このような背景のもとにおいてであった。しかし、それでは、フリードマンは、失業の問題について、どのように解決しようとしたのであろうか。

基本的には、政府はなにもしないでよい、というのがフリードマンの処方箋である。本当にそれでいいのか、という疑問がすぐわくが、そのとおりなのである。しかし、かわいそうな失業者を放っておいてよい、とフリードマンが主張しているわけではない。実は、そうしたかわいそうな失業者は生まれない、と主張するのである。

やや現実離れした議論で付き合えないという読者がおられるかもしれないが、理論の問題なので少し我慢してもらいたい。フリードマン（もちろんフリードマンにかぎらない。今日の経済学のほとんども同様の考え方である）によれば、自由な市場（労働市場）のもとでは、働きたいという人（労働の供給）と働く人を求めている企業（労働の需要）が市場で出会って、両者の折り合った賃金率で雇用関係が成立する。働きたい人が多ければ、賃金はそれだけ低くなるし、雇いたいと考える企業が多ければ賃金はそれだけ高くなるだろう。そこで、需要と供給がうまく釣り合う点で賃金水準は決まる。市場の均衡賃金である。基本的な仕組みは、一般の商品についての需要供給の法則と変わらない。

こう考えた場合に、均衡賃金のもとで働きたい人はすべて雇用されているし、雇いたい人や企業は雇いたいだけの労働者をすべて雇用していることになる。賃金がこの水準を超えれば企業は雇っている人を減らすだろうし、賃金がこれを下回れば働く人が減るだろう。したがって、均衡賃金のもとで、働いていない人があるとすれば、それは、その賃金では働きたくないと考えている人に違いないということになる。つまり、ある一定の市場賃金のもとで働いていない人は、そもそもそんな条件では働かないと考えているのだから、働きたいが働き口がないという失業者とはいえないのだということになる。本来的な意味での失業（非自発的失業）は、自由な市場のもとでは、理論上存在しない、というのである。本当にそんなものだろうか、と疑問をもたれる読者は多いだろう。とくに今のような経済情勢では、働きたくても働けない人がたくさんいるではないか、という感想をもたれる方が多いに違いない。しかし、フリードマンはやはりそう主張するのである。市場が厳密に自由な市場（競争的完全市場）であれば、理論上、疑いえないではないか、というわけである。

もっとも、フリードマンも、転職や職探しで失業している労働者（ふだんから雇用されて生活をしている人）がいることを認めないわけではない。それは、転職や産業構造の変化などによって生じる一時的な失業である。個人の事情や技術変化によって、一定の失業（「自然失業率」と彼は呼ぶ）は避けられないというのである。しかし、このような失業は、自然的で避けられないものなので、政府の経済政策によって解決しうるようなものではない。だから、結論としては、やはり、政府はなにもしない、より強くいえば、なにもすべきでない、ということになる。この結論は、ケインズ主義政策の根幹部分を否定するものであった。

「小さな政府」の根拠

ネオ・リベラリズムのケインズ主義批判のもう一つの重要な点は、政府の財政赤字である。先にふれたように、日本のネオ・リベラルな政策の始まりも、財政赤字問題をきっかけにするものであった。

フリードマン流の「自然失業率」仮説からすれば、景気対策としての政府の財政支出や金融緩和政策は、失業対策として意味がないだけでなく、政府の財政支出を増やし、その分民間経済への資本供給を減少させ、他方で、インフレーションを惹き起こしたり、悪化させたりする。

そうした議論をさらに補強したのが、「公共選択の理論」である。「公共」という言葉は、民間に対比する意味で使われる場合が多いので、あたかも公共政策（政府や自治体の政策）のあり方や方向についての選択であるかのような印象を受けるが、ここでの議論の内容は、公共セクターや財政の肥大化が望ましくないという、むしろ逆のものである。「公共選択」の原語は〝public choice〟となっており、「国民または民衆の選択」という訳の方が内容には合っているように思われる（publicはしばしば「公衆」の意味で使われる）。ブキャナンとタロックは、『公共選択の理論』（１９６２年）[24]で、ケインズ主義的な景気政策、完全雇用政策は、選挙民、そして政治家や官僚の財政支出要求を肥大化させ、それは好況期にも持続する、そのために必然的に財政の拡張と財政赤字が生み出されると主張した。ここでは、選挙民も自己利益を追求するという経済学的な前提が政治現象の分析に使われている[25]。選挙民などのそうした誤った選択が、財政危機をもたらすというのである。大衆民主主義が利益誘導政治をつくりだし、財政の膨張をもたらすという日本でもよく聞かれる議論と同じである。そこで、この議論は、財政赤字を防ぐために、政府の課税権の制限や均衡予算原則を憲法的な規範で定める必要があると主張した。

この理論は、ネオ・リベラリズムの時代における「小さな政府」、緊縮財政の主張を根拠づける理論になった。

アメリカの伝統的な政府観

ブキャナンとタロックの議論には、アメリカ社会やアメリカの自由主義の姿が透けて見える。ネオ・リベラリズムと親近的なアメリカである。

ネオ・リベラルな思想は、一言でいえば、人は自分自身の個人的な利益を最大化しようとするという考え方である。そのような立場から見れば、政治的な民主主義の制度のもとで、選挙民やその選挙区の住民は、自己の利益を最大化するために投票行動を行う。そして、政治家は、その選挙区の選挙民の利益を最大化するように努めることで当選することができる。そうであるとすれば、そのように行動することが、政治家個人の利益にもなる。政治的な現象は、結局のところ、個人の利益追求という利己心によって説明することができるということになる。

利己心によって市場や経済を説明しようとしたのはアダム・スミスである。スミスが、利己心に基づいて行動することが、「見えざる手」の働きを通じて社会全体の利益を増進させると説いたことはあまりに有名である。ブキャナンとタロックは、この市場における利己心の原理を、政治にも活用したのである（ただし、結果は逆である）。彼らの分析がかなりの程度正しいとすれば、アメリカ社会はかなり利己主義的な社会であるということになる。この種の問題について正否を判定することは難しい。しかし、少なくとも、ネオ・リベラルの立場からは、アメリカ社会はそのような社会として観察されているのである。

他方、ブキャナンとタロックは、財政の膨張は望ましくないという見解をとっている。こうした見解に含意されているのは、選挙民である民衆は、基本的には、政府の助けがなくても自活して生活していくことができるはずだ、という考え方である。非自発的な失業は存在しない。あえて働いていない人は、賃金水準に不満だからだ（その程度の賃金を得て雇用されるより、余暇を楽しんだ方がよい）。そうした人は、もちろん働かなくても生活することはできているはずだ、というフリードマンの議論とも共通するところがある。つまり、こうした議論がなされる背景には、すべての人が人の助け、政府の助けなしに生きていけるのだという信念があるといってよい。

殖民社会として形成されたアメリカ社会の原像は、コミュニティ（タウン・ミーティング）を基礎として必要な公共的サービス（教育、警察）を組織し、個人は自立自営の生活を営むというものであった。州や連邦の「政府」は、その意味で二の次の存在である。政府が税金を課すのも、そうした個人やコミュニティの立場からすれば、当然のことではない。イギリス本国からの相次ぐ課税に反発して独立運動が起きたように、コミュニティの立場からすれば、理由のない課税は受け入れる必要はない、ということになるのである。ブキャナンとタロックが、政府の課税権に憲法的な制約を設けるべきだというとき、こうしたアメリカの伝統的な政府観が示されているといってよいだろう。

ネオ・リベラリズムの思想

このように、ネオ・リベラリズムの思想は、伝統的な古典的自由主義を忠実に再現していると見ることが可能である。ケインズは、『自由放任の終焉』（1926年）[26]で、西欧の知的伝統が近代の初め以来一貫して個人主義的な自由主義＝経済における自由放任（レッセフェール）の立場をとってきたと述べたが、ケインズの観察の当否は別として、伝統的リベラリズムが強固に持続したことは否定しえないであろう。ネオ・リベラリズムは、まさにそのような知的伝統の土壌に、再び立ち返ったのである。

しかし、ネオ・リベラリズムは、重要な点で、古典的自由主義と異なっている。

ロックが土地を「所有」するといったとき、ロックは、同時に、自己の労働で耕しきれないような広い土地は所有してはならない、とも述べている。人間は、生存のために土地と自己の労働力を「所有」すると述べたが、同時に、生存の必要を超える「所有」には意味を認めなかった。その後の古典的自由主義は、そうした自己所有の限界を認めなかったが、考え方としては、すべての個人の生存が可能であるという前提を置いていたといってよい（そうした形式的自立と現実とのギャップがその深刻な修正を迫ったことは前述したとおり）。しかし、ネオ・リベラリズムは、そうした前提の限界が明らかになり、かつその修正がなされたあとに、再びその形式的な自立を主張した点において、自己欺瞞的な性質を帯びている。

したがって、**ネオ・リベラリズムの主張する「自己責任」は、自己責任の現実的な条件が欠如している社会において、自己責任を求めるという結果を生み出す。**それは、人びとの生存を保障する社会的システム（ロックのような自立自営の生存形態に対比していえば、社会的な生存形態といってもよい）を解体するという意味をもつのである。

これをもう少し具体的に述べよう。ロックをまた基準に置けば、論理的に、完全に自立した個人が、自己の生活、生き方について責任を負えるという意味における「自己責任」が成立しうるのは、個人が生存のための生産手段と労働力とをともに所有している場合である。そして、そのような独立の生活を同じように営む他人または隣人の所有や自由を侵害しないという条件（自由または「自己責任」の限界）が、そのような自己責任の不可欠の条件として追加されるであろう。

しかし、現代社会において、このような自立自営の生活形態は、非常に稀な場合を除いて、存在しえない。自営業者といっても、原材料や商品を仕入れ、顧客の存在を必要とする。もちろんのこと、大多数の人は、労働力は所有しているとしても、労働して生産するための生産手段を有しない。現代の人びとの生活を支えているのは、複雑で膨大な社会的分業と交換のシステム（端的には経済システム）であり、これまでの経験によれば、そのような社会的な生産と分配のシステムは、すべての人に平等に生存の手段と個人の自由の機会を与えるとはかぎらない。そのために、このような資本主義社会においては、機会が与えられない場合に備えて生活を保障する社会的なシステムが形成されてきたのである。そのような現代社会は、「自己責任」だけに基礎を置く社会ではなく、ロックの場合に成立するような自己責任を共同でシェアする「社会責任」をもう一つの基盤とする社会になっているのである。

ネオ・リベラリズムの「自己責任」は、単に、抽象的に個人の責任についての自覚を促すというような精神論としての意味をもつのではなく、生活保障の社会システムを解体し、「社会責任」を解消するという意味をもっている。これを平たくいえば、例えば、年金や医療の社会保険の将来は不透明だ、だから心配があるなら民間の個人年金や医療保険に入ればよい、自分の生活は自分で責任を負うのが自己責任だから、といわれるような場合の「自己責任」はまさにこのような意味で使われているのである。

そうであるとすれば、このような「自己責任」は、さらにどのような意味をもつだろうか。自分の生活に不安のないような有産者、富裕な人にとっては、「自己責任」を引き受けることが可能である。しかし、そうでない人にとっては、そのような「自己責任」の強制は、単に困窮を強いるだけになるであろう。ネオ・リベラルな「自己責任」の議論は、一部の、あるいは多数の有産者の支持するところになるが、そうでない人には支持しえない議論になる。そのような意味で、**ネオ・リベラリズムは、階層的な、あるいは階級的な意味合いをもっている。**

したがって、これをさらにいえば、ネオ・リベラリズムの思想には、明確な社会的な担い手が存在している。それは、さしあたり有産者といってもよいが（社会的な担い手が有産者である点では、古典的な自由主義も同じだった）、より限定すれば、前述の生活保障の社会的システムに対立する企業や資本である。「財界主導の行革」の例にそれはよく示されている。**ネオ・リベラリズムの政策を推進し、その思想を広めたのは、どの国でも資本、財界であった。**もっとも、資本や企業が、一般的に、またつねに、社会的システムと対立するわけではない。社会の安定や国民生活の安定は、企業活動にとっても必要な条件であるから、資本や企業が積極的に社会保障制度を支持する場合もめずらしくはないのである。

アメリカの労働長官を務めたこともあるロバート・ライシュは、『暴走する資本主義』[27]において、国境を越えたグローバルな資本の活動がネオ・リベラリズムを主導していると指摘している。こうした指摘はライシュにかぎらない。筆者を含めて多くの人がそのように考えているといってよいであろう。

要点は、こうである。企業が国境を越えて活動するとき、また資本が国境を越えて投資されるとき、資本の立場からは、投資から得られる収益（リターン）がもっとも高いところに投資されなければならない。投資先が労働者を雇用する事業であれば、そこでの賃金や社会保障拠出は低いほどリターンは大きくなるし、利益に課される法人税は低いほどよい。つまり、国内の政治的安定や国民生活の安定という観点からつくられてきたもろもろの社会的システムは、そうした資本の観点からはリターンを制約する条件、したがって小さいほどよい条件になる。資本や企業の活動がグローバル化し、グローバルな市場が形成されたこと、それは、ネオ・リベラリズムの形成の究極の根拠である。

このように捉えるとすれば、先にネオ・リベラリズムの思想を「自己欺瞞的」と形容したが、実は、「自己欺瞞的」であると否とを問わず、それは、そうしたグローバル化した市場が客観的に生み出したものにほかならない。そのために、それは、人間の倫理としてよりも、企業やビジネスの世界に適用される、優れて経済的な倫理としての性質をもっている。それは、自由市場の論理（主体の自己利益の最大化、等価交換、契約の自由と契約責任）とほぼイコールである。

さらにもう一つの、古典的自由主義との違いは、「民主主義」との関係にある。古典的な自由主義は、いわば有産者の政治を形成し、「民主主義」（当時の意味では民衆運動、労働運動など）と対立した（端的には制限選挙制）。これについては簡単にではあるが、すでに指摘した。ネオ・リベラリズムはむしろ、民主主義との相補性を強調する。またフリードマンに登場していただくが、フリードマンの『資本主義と自由』の一つの中心的な主張は、自由な市場と政治的民主主義（直訳すれば「政治的自由（political freedom）」）とが不可分の関係にあるというものであった。つまり、経済的に、自由な市場における活動を保障することが、個人の自由にとって不可欠の前提である。そのような経済的な自由を基礎にする個人が、政治的にも自由に振る舞うことができ、政治的な民主主義を形成することになる、というわけである。

ここで挿話を一つ入れておこう。先ほどのロバート・ライシュは、ミルトン・フリードマンがチリの軍事独裁政権（ピノチェット政権）の経済顧問となって、経済の規制緩和や民営化をすすめたことを批判している。たしかに、経済顧問だから政治のことは関係ないともいえるが、市場経済と民主主義が不可分だと主張しながら、独裁体制下の市場経済化をすすめることは筋が通らないといえよう。市場経済なしには民主主義は成立しないというわけであるが、民主主義がなくても市場経済は成立するというのだろうか。いずれにしても、「経済的自由」を通じて「政治的自由」をめざすという彼のロジックは、実践において破綻しているといえるだろう。

この挿話は、たしかに、ネオ・リベラリズムと民主主義との関係におけるあいまいさを示唆している。現代社会において確立された民主主義の制度は否定しないが、民主主義が必ずしも不可欠なものであるとは考えていないようである。『公共選択の理論』の著者たちが、民衆（選挙民）の「選択」に懐疑的であったことをここで想い起こしてもらいたい。ネオ・リベラルな思想は、大衆や民衆と呼ばれる一般の人びと（民主主義における主権者であり、有権者だ）に対してそれほど信を置いていないということができる。

ネオ・リベラリズムの思想は、要約すれば、個人の自由を基礎とした、市場の論理を核心としている。日本でも市場原理主義といわれた考え方が風靡《ふうび》したとき、もっぱら強調されたのは、競争と自由市場であり、「官から民へ」という市場の拡張であった。「自己責任」は、そのような市場における自由と責任を意味し、経済社会を市場的なそれに変えるための原理を意味したのである。民主主義についての態度があいまいであるのは、そうした個人主義的な市場社会を想定した場合に、政治や政府は大きな意味をもたなくなることと関係している。個人の自由を徹底した場合には、政府や国家の存在そのものをほとんど否定することになることは、リバタリアンと呼ばれるノージックの『アナーキー・国家・ユートピア』[28]がよく示している。この議論は、ほとんどジョン・ロックの自然状態のイメージにまで遡ってしまう。そして、このような強い個人主義の思想が、アメリカ的な社会と親和的であることは先にふれたとおりである。

注

21 Ezra F. Vogel, *Japan as Number One: Lessons for America*, Harvard University Press, 1979. エズラ・F・ヴォーゲル『ジャパン・アズ・ナンバーワン』(広中和歌子ほか訳、阪急コミュニケーションズ、1979年)

22 Milton & Rose Friedman, *Free to Choose: A Personal Statement*, Harcourt Inc., 1980. M&R・フリードマン『選択の自由』(西山千明訳、日本経済新聞社、1980年)

23 Milton Friedman, *Capitalism and Freedom*, The University of Chicago Press, 1962. ミルトン・フリードマン『資本主義と自由』(村井章子訳、日経BP社、2008年)

24 James M. Buchanan and Gordon Tullock, *The Calculus of Consent: Logical Foundations of Constitutional Democracy*, University of Michigan Press, 1962. ジェームズ・M・ブキャナン、G・タロック『公共選択の理論:

合意の経済論理』（米原淳七郎ほか訳、東洋経済新報社、１９７９年）

25 ブキャナンにかぎらず、このように政治現象を経済学的ロジック（その基礎は「経済人」の仮定）で分析する研究は今日まで有力な流れを形成している。本書の見方からすれば、政治や社会についてこのような手法によって解明しようるのは、その一面に止まるであろう。

26 John Maynard Keynes, *The End of Laissez-Faire*, Macmillan, 1926.（Prometheus Books, 2004の版によった）

27 Robert B Reich, *Supercapitalism*, Vintage Books, 2007.ロバート・B・ライシュ『暴走する資本主義』（雨宮寛、今井章子訳、東洋経済新報社、２００８年）

28 Robert Nozick, *Anarchy, State and Utopia*, Basic Books, 1974. ロバート・ノージック『アナーキー・国家・ユートピア』（嶋津格訳、木鐸社、１９９５年）

第三章

資本主義世界の転換

1　08年と29年

ネオ・リベラリズムからどこへ

ここで、「時代の転換」という問題にもう一度かえろう。世界史的に見れば、70年代から80年代にかけての時期が最初のネオ・リベラリズムの時代の始まりであり、90年前後の大変動がグローバリゼーションとネオ・リベラリズムの本格的な開始をもたらした。それから20年が経過した。

アルベールが予言したように、この20年間も、ネオ・リベラリズムが世界を一元的に支配したわけではなかった。ネオ・リベラリズム（「ネオ・アメリカ型」）の影響力が広がるなかで、これと原理的に対抗する経済社会のモデルが並存し、対立してきたのである。欧州委員会の委員長などEUの首脳が、ことあるごとに**「ヨーロッパはアメリカのような裸の資本主義にはならない」**と主張してきたことは、多くの読者が記憶されているであろう。フランシス・フクヤマの本がアメリカ的信条を代表していたとすれば、アルベールの本はヨーロッパの声を代表するものであった。しかし、この〝資本主義対資本主義〟の闘争は、全体として、アメリカ優位にすすんできたといえる。ヨーロッパのアメリカ化、あるいは市場化がたしかにこの間すすんできたのである。その意味で、そのような内部対立をかかえながら、資本主義世界はネオ・リベラリズムの時代を経験してきたのであった。

しかし、こうした状況は再び大きく変わろうとしている。その画期になると思われるのは、２００８年9月15日のリーマン・ショックに始まる世界金融危機である。根っからの自由主義者[29]、アラン・グリーンスパン前連邦準備制度理事会議長の米国議会公聴会における証言（私の自由市場への信頼には誤った点があった）は、ネオ・リベラリズムの時代が終わり、別の時代に移るであろうことを象徴するものであった。では、この金融危機によって、世界はどのように変わりうるのだろうか。

世界金融危機と29年世界恐慌

世界大恐慌との比較から始めよう。１９２９年の世界恐慌で、アメリカ経済は、工業生産が恐慌以前の40パーセントまで下落し、失業率が25パーセントにまで上がるという未曾有の経済危機に落ち込んだ。日本でも、昭和恐慌と呼ばれる大不況に突入し、その後軍部の独裁から戦争という暗い時代に突入していったのである。世界恐慌は、各国の保護主義からさらに第2次大戦に至る暗黒の歴史の幕開けでもあったといわれる。

今回の世界金融危機はしばしば29年恐慌に比べられる。金融危機の深さと広がりは、たしかに29年恐慌以来世界の資本主義がはじめて経験するものであった。「１００年に1度」

かどうかは別として、29年恐慌以来の、80年ぶりの世界的規模の経済危機であることはたしかである。しかし、世界恐慌が29年10月24日の暗黒の木曜日からきわめて長期に続いたのに対して、今回の危機はかなり短期で収束する気配もある。中国経済は1年も経たないうちにプラス成長に転じているし、中国を含めた新興経済諸国の成長が世界の不況を早期に終わらせる可能性は高い。30年代の世界と違うのは、これだけではない。30年代の世界経済会議は結局まともな成果を出せないままに各国間の対立状況を生むことになったが、今回は、リーマン・ショック直後の世界金融サミットG8、G20に始まった国際協調の枠組みがこれまで、少なくとも大筋では、順調に発展している。30年代の失敗を繰り返さないという各国の自覚は高いといいえる。

しかし、こうした違いにもかかわらず、08年と29年の世界的な金融危機が世界史の転換点になるという点では共通性をもっているのではないか。それはなにか、それが問題である。

もう一度、30年代に戻ろう。世界恐慌の30年代が世界史の転換点であったことは、暗黒の歴史への幕開けとは一味違う意味も含んでいる。それは、アメリカのニューディール政策に顕著である。日本で軍国主義化がすすんだのとは、あるいはドイツでナチズムの台頭がすすんだのとは対照的に、アメリカではルーズヴェルト大統領のニューディール政策が展開された。失業対策の公共事業が大規模に実施されるとともに、銀行と証券の業務を分割する金融規制（グラス・スティーガル法）が行われ、さらに、社会保障法（1935年）や労働者の団結権を認めるワグナー法（1935年）が制定されている。ケインズ主義の経済政策と労働者や生活者の権利を保障する社会政策とが同時にとられているのである。ヨーロッパ諸国ではすでに先行してこうした法制や社会的な制度が形成されていたので、大国アメリカのこのような転換は、世界の資本主義（といっても先進諸国）が戦後の「福祉国家」あるいは「ケインズ主義的福祉国家」といわれる時代への転換を画する意味をもったのである。それは、もっと一般的にいえば、自由主義的な資本主義からケインズ主義的あるいは社会的な資本主義への大転換を画するものだったといえる。

アメリカのオバマ政権は、奇しくも30年代のニューディールに似て、「オバマ・ニューディール」、「グリーン・ニューディール」と呼ばれる政策を展開している。たしかに、この二つのニューディールには、非常によく似ている点がある。世界恐慌が発生したときのアメリカ大統領フーヴァーは自由主義者で、市場に対する政府の介入には懐疑的な考え方をもっていた。33年に就任した民主党のルーズヴェルト大統領は、フーヴァーまでの自由主義的な政策のもとで発生した経済危機のお土産と向き合わなければならない立場に置かれたのである。そして、自由主義とはかなりスタンスの異なる政府介入的な政策を展開した。今回も、金融危機が発生した時点の大統領ブッシュは、新自由主義者といわれる共和党の大統領であった。80年代のレーガン大統領以来、間に民主党のクリントン政権を挟んでいるが、アメリカでは新自由主義的な政策が支配していた。オバマ大統領は、そうした前政権の産物である経済危機の後始末という、厄介な仕事を引き受けざるをえない立場に置かれている。そして、オバマ・ニューディールは、30年代のそれと同じように、新自由主義的な政策とは対照的な政策を追求しようとしている。歴史の偶然とはいえ、経済危機と政権の変化についての両者の動向は奇妙に一致している。自由市場への信頼を基礎にする自由放任的な資本主義から、市場の制御、コントロールを組み込んだ資本主義（ケインズ主義的資本主義、混合経済）への転換が、おそらく、両者に共通する歴史的変化となるであろう。オバマ政権の医療保険改革や被用者自由選択法（労働組合の結成を促進する措置）は、それぞれ、30年代の社会保障法とワグナー法に比肩することができる。

しかし、30年代のケインズ主義は、基本的には、一国的ケインズ主義であった。それは、経済のブロック化と世界経済の収縮と戦争につながってしまった。今日のケインズ主義は、おそらく、危機のグローバルな性質に対応して、グローバルなケインズ主義とならなければならない。

三極に分かれていた世界

少し寄り道をして、30年代の世界について考えておこう。それは、今日の世界が、また今日経験しつつある世界史の転換が、30年代とは似ているが、同時に大きく異なっていることを確認しておくためである。

アメリカがニューディール政策をとった時期に、日本やドイツが政治的にこれと異なる道を歩み始めていたことは、先に示唆したとおりである。アメリカのルーズヴェルト大統領とドイツのヒトラーとの比較については面白い話がある。社会の変動期にどちらの指導者も国民をどのようにリードするかという課題を負っていた。ヒトラーが国民統合のために用いた手法は、批判的な言論や社会運動に対する暴力的な弾圧と並んで、大衆集会における扇動的な演説であった。感情的に大衆を高揚させて、権力への熱狂的な支持を獲得するというものである。ヒトラーはそのような演説の名手だったとされている。映画『チャップリンの独裁者』の演説が、ヒトラーのそれとは正反対の内容の名演説だったことは多くの読者の知るところであろう。そうしたヒトラーの大衆誘導的な政治手法に対して、ルーズヴェルト大統領の手法は対照的なものであった。炉辺談話といわれるラジオ放送がそれである。大統領は、ラジオ放送で静かな口調で国民に語りかけ、談話を聞く国民の側は、家庭での静かな時間に、そうした静かな口調の話を聞きながら、理性的にものごとを考えることができた、というわけである。

この挿話には、政治学者が「民主主義」と「全体主義」と整理する両国の政治体制の違いがよくあらわれている[30]。つまり当時の資本主義は、権益の対立を背景として、政治的、社会的な自由と権利を保障する体制とそれらを否定する体制とに分裂していたのである。不況を克服するために大規模な公共投資を行う点ではどちらの体制も類似していた（アメリカのＴＶＡとドイツのアウトバーン）。経済学的には、どちらもケインズ主義的な政策だといいうるだろう。また、国民の生活を保障するという点でも、ナチス・ドイツが国民生活をないがしろにしていたと考えるのは誤りである。軍事生産の拡大によってドイツでは急速に失業が解消し、いわば完全雇用の状態が実現した。また、フォルクスワーゲン（直訳すれば「国民車」）は、堅実に貯蓄すれば誰もが買うことのできるマイカーとして多くの国民に夢を与えたのだった。こうしてナチス体制は国民の「同意」を調達していたのである。また、どちらの体制も、経済的には、自由放任の資本主義から決別したという点では、共通している。決定的に異なったのは、政治的な民主主義や人権、個人の自由という点である。この時期に、資本主義はまだ統一的な方向を見出していなかったといえる。そのうえ、ロシア革命によって誕生したソビエト連邦という社会主義の国も存在していた。

いわば、三極に分かれた世界は、第2次大戦に突入したのである。

このような30年代の世界と比べると、今日の世界は、大きく変わった。ソ連とそのもとにあった東欧の社会主義体制が崩壊し、社会主義を標榜してきた中国は経済面においては資本主義と変わらない市場経済になっている。グローバル化によって、各国・地域の経済は深く結びついており、一部に保護主義への動きが見られるが、かつてのようなブロック経済化の可能性はきわめて低い。これは、30年代とまったく異なる点である。歴史は、単純に繰り返すことはないのである。

注

29 グリーンスパン自身の自叙伝によれば、彼は若い頃からの「リバタリアン」であった。リバタリアンとは、かなり極端な自由市場信奉者のことをいう。Alan Greenspan, *The Age of Turbulence*, The Penguin Press, 2007, p.208. アラン・グリーンスパン『波乱の時代』上下（山岡洋一ほか訳、日本経済新聞出版社、２００７年）。

30 もちろん、これはあくまで挿話にすぎない。オバマ大統領の就任式に見られるように「民主主義」おいても、大衆的な集会がないわけではない。基本的な差異は、政治体制の制度や思想信条、表現の自由などの基本的人権の保障、マスメディアの報道の自由などが確保されているか否か、といった点にある。

2　世界金融危機

先に、今回はグローバルなケインズ主義の時代になるであろう、ということを示唆した。もちろん、これはあくまで推測にすぎない。金融危機後1年ほどしか経たない時点では、なお将来を見通すことは難しいからである。

それでも、これまでの経緯から明らかになったことを手がかりにいくつかの点を考えてみよう。

住宅というアメリカの弱点

世界金融危機の原因がアメリカのサブプライム・ローン問題とそれを証券化した証券化商品の氾濫、そしてそれをつくりだした金融工学にあることは、ほぼ疑いのないところであろう。一時代前のアメリカ経済学の大御所ポール・サミュエルソンは、朝日新聞のインタビューで金融工学のつくりだしたモンスターが世界的な金融危機の真の原因であるとしている。

たしかに、サブプライム・ローンの破綻が、住宅専門の金融機関（ファニーメイやフレディ・マック）の経営悪化に止まらず、リーマン・ブラザーズの破綻やＡＩＧの経営危機につながり、さらにイギリスやヨーロッパの金融機関の危機に発展したのは、サブプライム・ローン債権が証券化され、金融工学的な技術によって多様な債権と混合された証券に仕立て上げられたからである。証券は、国際金融市場に投げ込まれて世界を駆け巡った。しかし、さらに犯人探しをすれば、アメリカの住宅バブルの崩壊がより深層の原因であったということになるだろう。バブルが崩壊せず、アメリカ人のほとんどが、そして金融機関のほとんどが信じていたように住宅価格が上がり続けていたとすれば、サブプライム・ローン破綻も生じなかったし、金融危機も生じなかったのである。

しかし、住宅バブルは、現実に崩壊した。多くのバブルがそうであるように破裂したのである。バブルの形成と破綻のプロセスは、株式市場のそれと同様に、自由な市場の弱点を示している。周知のとおり、市場参加者の行動は、ある場合には価格上昇を加速し、ある場合には価格下落を加速する。市場が、個人の自由な利益追求行動に委ねられているかぎり、バブルの形成もバブルの崩壊も避けられない。その意味で、住宅バブルの崩壊とサブプライム・ローンの破綻は、自由な市場の破局にほかならないのである。「市場に任せればよい」という信条、ネオ・リベラリズムの信条は傷つけられた。

さらにしかし、サブプライム・ローン問題の形成には、より具体的には、アメリカの金融機関の行きすぎた信用供与が寄与していた。住宅ローンの返済にはもともと無理のある低所得の人びとに対して、住宅価格の上昇という想定のもとに、無理やり貸し込んだことがことの始まりである。適正な条件において信用を供与すべき金融機関が、高いリスクのもとで信用を拡大したのは、金融機関自身の利益拡大の動機が働いていたからにほかならない。これを不適切な貸付行動だと評価することができるとすれば、金融機関を駆り立てたのは、正常な市場経済における利益追求というより、そうした正常なルールを外れた強欲(英語でgreed)であったといってよいであろう。当時の新聞などでは、しばしば〝強欲資本主義〟という言葉が使われたが、それはこのような意味において適切な表現であったといえる。金融機関をそのような〝強欲〟に走らせたのは、なにであったのか。それは、おそらく「ハイリスク・ハイリターン」を望ましい行動として称揚したネオ・リベラリズムの時代そのものであっただろう。

金融工学は、さらに、そうした金融機関の投機的行動を、債権の証券化によって促進した。サブプライムの返済リスクは、債権が証券化され売却されることによって、当の金融機関が負わないで済むものになってしまったからである。金融機関は、安心して、冒険的な貸付を広げ、それによって利益を上げることができた。金融工学の技術は、市場経済の〝強欲資本主義〟化を推しすすめる技術となったのである。

ネオ・リベラリズムは、市場を可能なかぎり自由化することによって、このような金融危機を生み落とした。金融工学技術を駆使することも、また金融機関が利益を拡大するために冒険的な活動を行うことも、すべて市場の自由として許容されたからである。この時代のアメリカの金融規制緩和を代表するグラス・スティーガル法の廃止（1999年）は、銀行と証券の垣根を廃止することによって、商業銀行の投資銀行化、つまり銀行の投機的な投資会社化をもたらした（リーマン・ブラザーズを含むアメリカの5大投資銀行は世界金融危機ですべて姿を消した）。自由な金融市場は、個々の金融機関の個別的な利益追求行動と相互の競争を激化させ、本来であれば期待されるはずの金融市場の公共性はほとんど失われるに至ったのである。ネオ・リベラリズムの産物である〝自由な金融市場〟は、こうしてサブプライム・ローン問題とその破綻、世界金融危機の真の原因であった。そして、グリード（強欲）によってではなく、銀行のセールスパーソンによって夢を抱かされたサブプライム・ローンの返済不能者は、真の被害者であった。この低所得の人びとに対して、「自己責任」の結果にすぎないと言うことは、誰しも躊躇《ちゆうちよ》するであろう。また、サブプライム・ローン問題は、住宅が「市場財」になっているアメリカ社会の問題点を浮き彫りにするものでもあった。

3　アメリカの実験

オバマの勝利

世界金融危機が進行中の２００８年11月、アメリカの大統領選挙は、民主党の候補バラク・オバマの勝利を確定した。投票前から民主党の有利が予想されていたが、結果は地すべり的な勝利であった。最終的な選挙人の獲得数は、オバマ氏３６５、マケイン氏１７３である。09年1月20日の就任式には、悪天候にもかかわらず、２００万人以上の市民が連邦議会議事堂前の広場を埋め尽くした。

オバマ勝利の意味はいろいろな側面から議論しうるだろう。本格的に議論するとすれば、優に一冊の本を要するに違いない。ここでは、二つの点にだけ注目しておこう。

一つは、誰もが注目した、〝チェンジ〟である。選挙期間中にオバマ候補が繰り返し強調したキーワードは、〝チェンジ〟、つまり社会の「変革」であった。それまでのアメリカ社会に根本的な変革をもたらすこと、それが、オバマ候補が主張し、選挙民が支持した選択だった。では、この変革とはいったいどのような意味をもつものなのだろうか。

もう一つの論点は、このようなオバマ勝利をもたらした社会的勢力はなにか、ということである。ここで、朝日新聞の記事の一節を引用しよう。

「オバマ氏が重視するのは低所得者・勤労世帯の支援だ。ブッシュ共和党政権の金持ち・大企業優遇からの転換を訴えてきた同氏は、『多くの家庭が経済危機で打撃を受けている。それでもマケイン氏は大手企業の最高経営責任者には平均70万ドル（約7千万円）減税しようとしているが、1億人以上もいる中流米国人には減税しようともしない』と激しく批判していた。」（『朝日新聞』２００８年11月6日3面）

注目したいのは、この記事の冒頭部分だ。オバマ氏が「低所得者・勤労世帯」に訴えかけた、したがってそこに支持基盤を求めたのに対して、ブッシュ共和党は「金持ち・大企業優遇」の政策をとってきたと、ここではいわれている。実際、大統領選挙で、オバマ候補を支持したのは、学生などの若者、アフリカ系、ヒスパニックなどの総じて低所得の人びと、そしてＵＡＷ（全米自動車労組）の工場労働者などであった。低所得のマイノリティの人のなかにははじめて投票する人も多かったといわれている。オバマ勝利は、中間層以下の〝民衆〟の勝利という面をもっている。

格差社会アメリカ

80年代のレーガン政権期以来、アメリカの所得構造は大きく変化している。ポントゥソンの『不平等と繁栄』[31]という本から引用した図を参照していただきたい。70年代までの高度成長期の時代には、高所得層よりも低所得層の所得の伸びが高く、所得の平準化の傾向がすすんでいた。しかし、80年代以降は、傾向が逆転して、高所得層と低所得層との所得格差は拡大してきたのである。80年代以降は、高所得者ほどますます所得が高まる傾向になっている。日本でも問題になっている「格差社会」が形成されてきたのである。

アメリカの社会については、もともと所得格差が大きいというイメージが一般的であろう。しかし、この図で明らかなように、アメリカの所得格差は、一貫して大きかったわけではない。50年代から70年代にかけては、中間層と低所得層の伸びが顕著であり、全体として所得の平等化がすすんでいたのである。

それでは、なぜこのような大きな傾向の変化が生じたのであろうか。所得の分配に関連する二つのことがらが大きく作用していると考えてよいであろう。

一つは、労働組合の交渉力である。50年代から70年代にかけての時代は、労働組合が強い力をもっており、高い賃上げを実現していた。それがこの時期の所得構造の傾向に大き

アメリカ合衆国における５分位家計所得の伸び率（1947〜2000年）

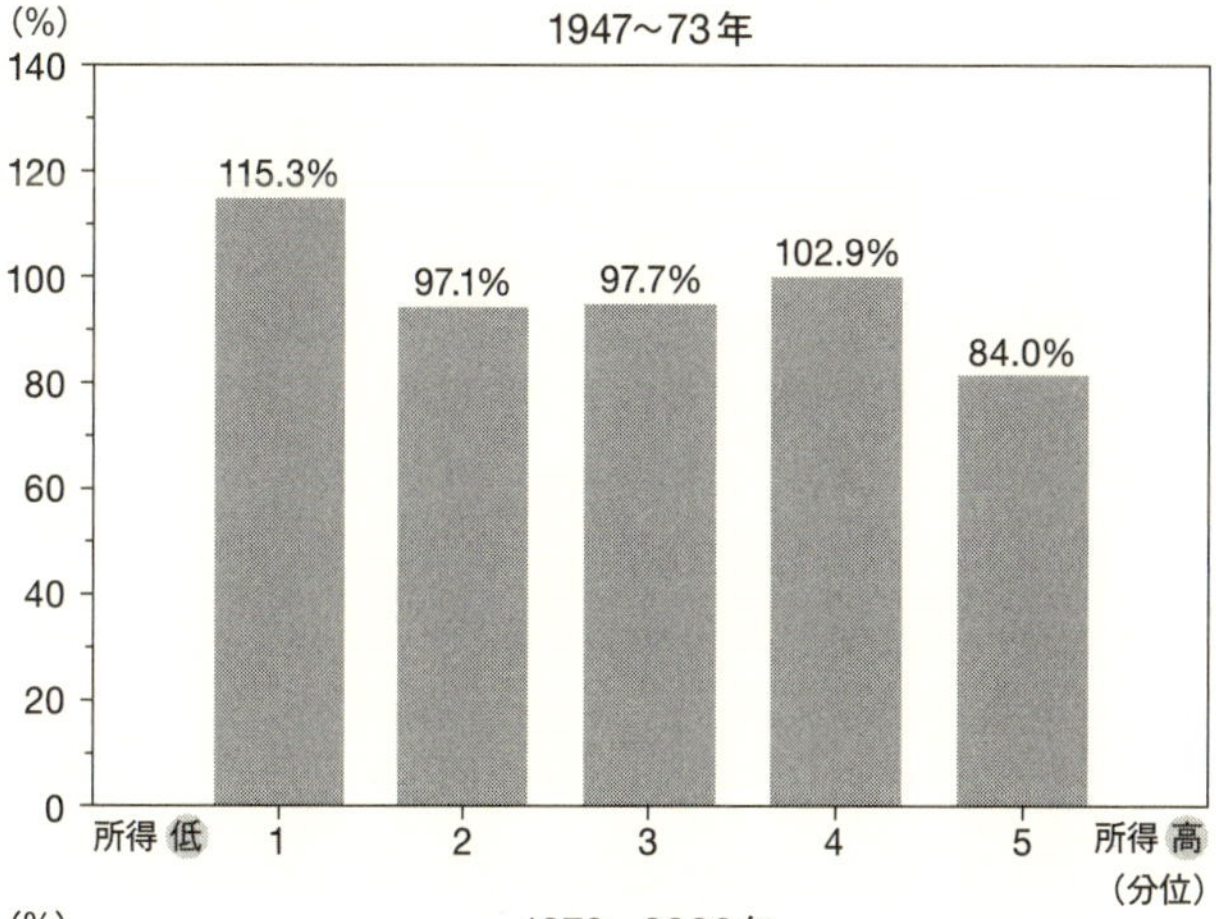

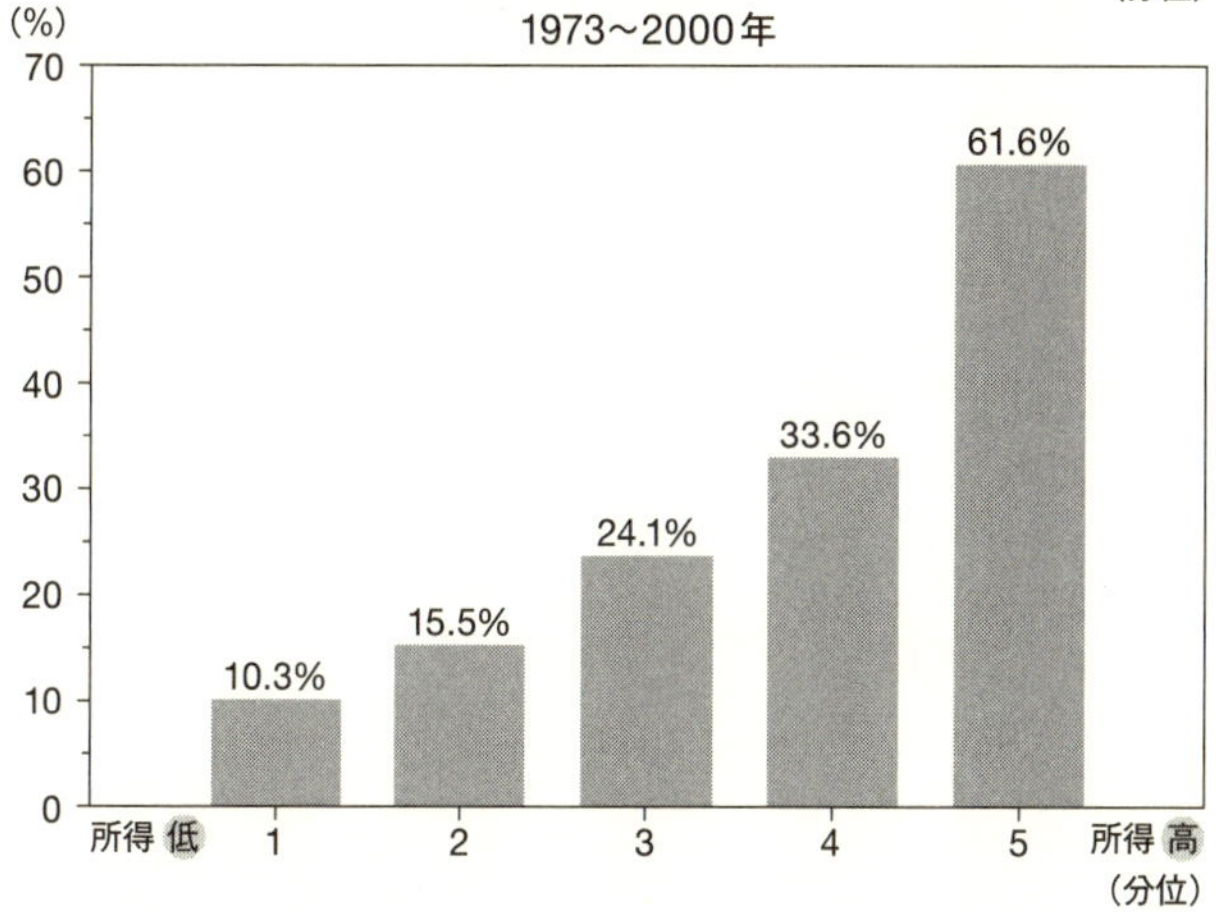

出典：Jonas Pontusson, *Inequality and Prosperity: Social Europe vs. Liberal America*, p.34

な影響を与えていたということができる。しかし、80年代以降に入ると、80年のレーガン大統領の航空管制官ストの弾圧（全員解雇）を手始めに、労働組合に対する抑圧が強まり、その交渉力は急速に減退する。そして、80年代以降の勤労者の雇用所得は、長い停滞あるいは低下が続く時代に入ったのである。

もう一つの重要なファクターは、税制である。これもレーガン政権に始まるが、所得税制のフラット化がすすみ、高額所得層への累進課税が取り払われた。高額の税金は個人の労働意欲を殺ぐ、個人の努力の結果として得られた報酬に対して高額の税金を課すのは公正でない、高所得者の所得はいずれ消費され経済全体の活性化にもつながるのだ、などさまざまな理由が主張された。日本でもこうしたアメリカの例に倣って所得税制の改正（累進税率の緩和）がなされたが、アメリカの改革は日本のそれよりもはるかに徹底したものであった。

その理由がどうであれ、こうした税制改革が所得格差を広げることに貢献したことは疑いがない。まさに、この時代には、前記の新聞記事が表現したように「金持ち・大企業優遇」の政策がとられてきたのである。高所得者には居心地のよい社会、ネオ・リベラリズムの時代は、そのような時代であった。

オバマの勝利は、こうしたアメリカの所得構造に対する不満を表現していたといえる。

グリーン・ニューディール

経済問題に関するオバマ政権の課題は、二重であった。一つは、アメリカ社会のネオ・リベラルな、あるいは〝金融資本主義〟的な構造を変えるという課題である。

もう一つは、金融危機によって打撃を受けた経済を緊急に立て直すという課題である。金融機関やＧＭの救済、危機の再発を防止するための規制システムの構築、実体経済の落ち込みを防ぐための金融政策、そして経済対策のための財政出動など、総じてケインズ主義的な政策が取り組まれている。もちろん、これはアメリカだけのものではない。Ｇ20では日本を含めて世界的にケインズ主義的な景気政策に取り組むことが合意され、金融システムの再構築がめざされている。スティグリッツによれば、「クラッシュのあとでは、ほとんどすべての人が規制の必要性を主張する」[32]のである。

オバマのケインズ主義的景気政策は「グリーン・ニューディール」と称されている。周知のところであるが、環境問題と両立しうるような、かつ需要創出効果をもちうるような政策として考えられているのである。つまり、単純に30年代のニューディールに、あるいは50年代・60年代の高度成長期に立ち戻ろうという発想ではない点に、この新しいニューディールの意味がある。

ここで、もう一度ブッシュ政権の環境政策を思い出しておこう。ブッシュ政権は、京都議定書から離脱した。その含意は、自由な経済活動を規制すべきではない、ということであった。つまり、企業の自由な経済活動、自由な市場を放任することが、地球環境問題については無関心になりうるということをこれは示したのである。オバマ政権のグリーン・ニューディールは、市場と経済活動の自由は、必ずしも環境制約と調和しないという考え方に立っている。環境規制にも積極的な姿勢がとられるようになっているのである。

医療保険改革の重み

アメリカに国民全員を対象とする公的医療保険（健康保険）がないことは、マイケル・ムーアの映画『シッコ』で日本でもよく知られるようになった。現在、アメリカに存在する公的医療は、高齢者を対象とするメディケアと低所得者向けのメディケイドだけである。そのほかの人は、民間の医療保険に加入することになる。日本ともっとも大きく異なるのは、医療保険の基本が公的な保険（日本の場合）になっているか、民間保険会社の運営する私保険（アメリカ）になっているかである。アメリカの勤労世帯の大多数は企業が団体で加入する医療保険に入っているが、企業がそうした保険を用意していない場合などは個人で加入しなければならない。そのために、かなり高額の民間保険に加入できない人は、保険に未加入の状態になる。およそ４６００万人が無保険状態にあるといわれている。

他方で、民間医療保険によってかなり高額の医療も提供されるので、高所得者向けの高度医療は発達している。医療における貧富の格差も非常に大きいということになる。しかも、皆保険の医療保険がないために、あるいはないにもかかわらず（どちらの理屈もありうる）、アメリカの医療費総額は、世界で一番高い（人口1人当たり）といわれている。

このような皆保険の公的保険——より一般的には公的医療制度——がないのは、先進国ではアメリカだけである。それにもかかわらず、歴代の民主党の大統領の試みはこれまでことごとく挫折してきた。おそらく、それは、アメリカにおいて、個人の自立・自助の精神が非常に強いからである。

オバマ政権がめざしたのは、社会が全体として相互に助け合うシステムである公的な医療保険の創設である。

しかし、オバマ政権のこうした構想には、非常に強い反対運動が起こった。それは、アメリカ建国以来の市民の自由を奪う、「社会主義」的政策であるというのである。市民の自由に政府はこれ以上介入すべきではないと主張する草の根保守主義の運動（建国期のシンボルである〝ティーパーティ〟を名乗った）が全米各地に展開された。もちろん、これが「社会主義」的であるわけがない。そうであるとすれば、アメリカ以外のすべての先進国は社会主義の国になってしまう。しかし、問題は、そこにあるわけではない。

もう少しリアルに見ると、反対運動の基本的な理由は、すでに民間保険に加入している大多数の市民（中産市民および高所得者）にとっては、現状を変える必要がないということであろう。新たな公的保険によって、財政支出が必要となるとすれば、それだけ自己の負担に跳ね返ってくるかもしれない（つまり、損をする）。低所得層の大多数であるアフリカ系やヒスパニックはわれわれとは関係のない世界の人びとだ、という潜在的な意識もあるであろう。そして、さらに、反対運動を後押ししたのは、当の民間の医療保険会社そのものである。保険会社各社は、医療保険改革の法案が議会に提出されてから、連日のように上院・下院の議員たちに電話をし、強力なロビー活動を行った。

難航した末に成立した法律には本来の公的医療保険の制度は取り入れられなかった。民間医療保険の制度を維持して、これにすべての人の加入を義務付けたのである（低所得者には政府からの補助が投入される）。最終的な決着は、現状の私保険の枠組みを前提として公的な助成をするという折衷的な解決に終わった。**アメリカ社会は、「自己責任」の社会から「社会的責任」の社会に変わろうとして、苦悩している**といえる。

被用者自由選択法

日本の読者におそらくあまり知られていないもう一つの改革は、被用者自由選択法(Employee Free Choice Act) である。現在でも反対が強く法案は成立していないが、この法律は、名前だけではほとんど内容がわからないので、少し説明を加えておく必要があるであろう。

アメリカの労働組合と使用者との関係（労使関係）を規律する基本的な法律は、前述のワグナー法（1935年。戦後、タフトハートレイ法によって改正）である。ワグナー法は、企業や地域などの団体交渉の単位（「交渉単位」）について、労働者の過半数の支持を得た組合に独占的な交渉権を与える、という仕組みをとっている。

ワグナー法のもとでは、工場や会社に交渉権をもつ労働組合をつくるために、全従業員の選挙が行われる。ところが、会社が反組合的な場合には、労働者が自由に投票することはさまざまな理由で困難になる。そのためにアメリカの労働組合の組織化は難航し、組合の力は低下し続けてきた。労働組合の組織率も、先進国では最低クラスで、現在では12、3パーセントになっている。

被用者自由選択法がめざしているのは、こうした状況を打開して、労働者が組合をつくりやすい条件を整えることである。その一つが、カード・チェック方式といわれる署名方式の採用である。署名であれば、はるかに容易に組合づくりができると考えられ、労働側はこれを強く要求してきていた。この法律が「自由選択」と名づけられているのは、こうした方式によって、労働者が経営側の圧力から解放されて、自由な選択が可能になると考えられているからである。この法律のもう一つの内容は、不当労働行為に対する罰則を強化するというものだ。

ところで、不当労働行為制度によって、労働者の団結権を保障したり、使用者の団体交渉応諾義務を認めたりすることは、どのような意味をもっているのであろうか。もともと30年代のニューディールの時代につくられたワグナー法は、これに不況対策としての意味を込めていた。賃金が労働組合との団体交渉によって決められるようになれば、賃金水準が改善され、国内の購買力も高まるだろうというわけである。この法案にも、おそらく同じようなねらいが込められている。

この法案に対してもビジネスの世界から強い反対運動が展開されている。ビジネスの利害からすれば、医療保険制度におけるのと同様、それはけっして望ましいものではないと見なされているのである。

オバマ改革の意味

かつてポール・サミュエルソンは、『経済学』で、賃金決定の水準は経済学的には解きえないと書いた。それは、企業と労働組合の力関係、つまり〝政治〟に属する現象だというのである。これを敷衍《ふえん》すると、こういうことになる。企業の利害と賃金を受け取る労働者の利害との間には、根本的な対立がある。したがって、二つの対立する利害が対抗し合っているとき、最終的な賃金水準は、両者の力関係、つまり〝政治〟によって決定されるほかないのだ、というわけである。

これは、一つの例解である。より一般的には、ビジネスの利害と社会の利害との対立が避けられないとすれば、両者の利害の均衡点は、両者の力関係、〝政治〟によって決まるほかない。このような抽象的なレベルで整理すれば、オバマ改革は、〝政治〟の平面において、「民主主義」の力によってビジネスの力を掣肘《せいちゅう》する意味をもっている。それは、ビジネスの強い発言力を背景にしていた新保守主義の政権を労働組合員や庶民の「民主主義」を基礎にした政権に変えるという意味を含んでいる。もちろん、新政権を支持するビジネスの勢力も小さいとはいえないが、少なくともこうしたロジックが一つの基本的な論理として働いている。

したがって、それは、80年代以来のネオ・リベラリズムに終止符を打つという意味を含んでいる。そのためにまた、ビジネスの抵抗や草の根保守主義的信条による反撃を受けているのである。この点でも、オバマのニューディールは、30年代のルーズヴェルトのニューディールと似ている。

注

31 Jonas Pontusson, *Inequality and Prosperity: Social Europe vs. Liberal America*, Cornell University Press, 2005.

32 Joseph E. Stiglitz, Free Fall: America, *Free Markets, and the Sinking of the World Economy*, W.W. Norton & Company, 2010, p.12.ジョセフ・E・スティグリッツ『フリー・フォール』(楡井浩一ほか訳、徳間書店、2010年)

4　アメリカが歩いた道

オバマ改革は、アメリカ社会を変えるのか。それを考えるためには、もう少し、立ち入ってアメリカ社会の実像を理解しておく必要があるだろう。

ところで、これまでに見た諸改革に対する反対において重要な意味をもっているのは「建国の理念」である（医療保険改革に反対した〝ティーパーティ〟！）。しかし、オバマ自身が、「建国の理念」を賞賛している[33]。いったい、どういうことになっているのであろうか。

以下では、アメリカ社会のあり方に関する基本的な考え方の変化を、簡単に振り返ってみることにしよう。

建国の理念

オバマ大統領が就任式の演説で強調したように、新生オバマ政権も「建国の理念」を重要な考え方の基礎としている。オバマ政権にかぎらず、多くの大統領がそうしたスタンスをとってきた。それは、アメリカ社会の基本的な思想の一つをなしているのである。

トマス・ジェファソンが起草した独立宣言は、今日までアメリカ憲法の基礎文書となっている。その一節を紹介しておこう。

「われわれは、自明の真理として、すべての人は平等に造られ、造物主によって、一定の奪いがたい天賦の権利を付与され、そのなかに生命、自由および幸福の追求の含まれることを信ずる。また、これらの権利を確保するために人類のあいだに政府が組織されたこと、そしてその正当な権力は被治者の同意に由来するものであることを信ずる。そしていかなる政治の形態といえども、もしこれらの目的を毀損するものとなった場合には、人民はそれを改廃し、かれらの安全と幸福とをもたらすべしとみとめられる主義を基礎とし、また権限の機構をもつ、新たな政府を組織する権利を有することを信ずる。」(『人権宣言集』斉藤真訳、岩波文庫、１１４頁)

この独立宣言の思想が、第二章で見たジョン・ロックのそれとほぼ同じであることに、読者は気づかれるであろう。「すべての人は平等に造られ」、「奪いがたい天賦の権利を付与され」ている、というのは、ロックが、自然状態において、すべての人が自由で独立している、と論じたのとほぼ同一の思想である。

さらに、独立宣言の「人民はそれを改廃し、……新たな政府を組織する権利を有する」とされている点に注意しておこう（これもロックに由来する）。「政府」は、本来、自然権を有する人民が、その権利を確保するためにつくりあげるものであるから、そうした目的に反する政府は廃止し、本来の目的に沿った政府をつくる権利をもっているというのである。こうした権利は、人が本来自然的な自由と独立性を有し、それを大前提として、政府や国家もつくられる、というロック的な思想の論理構造からすれば、当然の帰結にほかならない。同時に、それは、根本的な意味における「民主主義」の原理をも意味しているといえる。

ジェファソンは１８０１年に第３代大統領になり、60年代の共和党政権までの間、民主党の政権が続く。ジェファソニアン・デモクラシーの時代がやってきたのである。

この時代のアメリカは、当初の東部13州から、ルイジアナ、フロリダ、カリフォルニアなど次々と領土を拡張した時代であった。フロンティアの存在と広大な領土は、広大な農地を所有する農民あるいは農業経営者を大量に生み出した。ますます広大になる大地の上に文字通りの独立した自営農民が形成されたのである。ロックが想定した自然状態の自由人に近い状態が現出した。

ジェファソンが自立した個人の自由を基礎とする社会を構想したのは、理論的にロックに傾倒していただけでなく、それに近い現実、アメリカ農業社会の現実が存在していたからである。そして、ジェファソンを支持した社会的な基盤も、そうした独立自営の農業者にあった。ジェファソンの民主主義とは、そのような独立した個人の自由を保障する社会の政治システムにほかならない。

フランスの貴族であるアレクシス・ド・トクヴィルの『アメリカのデモクラシー』は、このような時代のアメリカ社会を考察したものである。

「ここでは社会がそれ自身の力で、それ自身に働きかける。……政府に任された部分が小さく限定されている限り、また政府がその民衆的起源を意識し、自らの力の源泉に従う限り、**人民自身が統治している**ということができる。……**人民がアメリカの政治の世界を支配している**。人民こそ万物の原因であり、目的である。すべてはこれに帰す。」
（松本礼二訳、岩波文庫第1巻（上）、93頁）

トクヴィルは、アメリカ社会を「この地でデモクラシーの原理は自由に成長し、習俗と相まって進み、平静に法制にまで展開しえた」（同上、26頁）のであり、「**境遇のほとんど**

完全な平等」が実現しているそのような社会として観察した。境遇の平等とは、まさに、このような自営農業経営者の社会において実現したものにほかならない。

アメリカ社会の産業化

トクヴィルが「境遇の平等」と「民主主義」の国、としたアメリカは、しかし、ジョン・ロックの描いたような自営農業者の世界そのものとは少し違っていた。黒人の奴隷制についてはいうまでもないが、問題はそれだけではない。むしろ、より大きな問題は、資本主義の発展とともに、階層・階級間の格差が拡大し、奴隷解放後の黒人の差別や流入した移民の増加によって、多民族化と社会の階層化が進行したことである。「すべての人は平等に造られ」という建国の理念、広大なフロンティアの形成は、たしかにそのような理想的社会に近い現実をつくりだしたが、それはしだいに階級や階層、そして人種・民族間の対立や争いを含む複雑な資本主義の社会に変貌していった。

民主党と共和党

今日の民主党と共和党の性格は、おおまかにいえば、中産市民、勤労者、労働組合を代表する民主党と大資本、経営者を代表する共和党というものであるが[33]、もちろん、共和党には草の根保守主義の市民が大きな支持層になっている。また、オバマ選挙に見られるように、アフリカ系やヒスパニックなどはおおむね民主党支持層を形成している。もっとも、アメリカの政党は、議員個人の独立性が高く、選挙区の利害を代表する度合いが強いといわれているから、このような支持基盤の分類もかなりの程度相対的なものである。

南北戦争後、アメリカの経済は急速に発展する。19世紀後半には、大規模なトラストの形成が反トラスト運動や反トラスト法を生み出す。アメリカ経済は、工業を中心とする資本主義の社会に突入するのである。資本主義の発展とともに、自営農民的な理念を基本とする民主党の出番はなくなり、33年のルーズヴェルト大統領の時代まで、ウィルソン大統領などを除いて、共和党の長期の時代が続く。南北戦争後の共和党は、まさに資本主義を推進する政党としての地位についたのだ。今日イメージされる共和党はこの時期に成立したということになる。

〝革新主義〟の時代

このようなアメリカ社会の変化のなかで、ジェファソン的な理念とは非常に異なる考え方が主張されるようになる。20世紀初頭の革新主義（Progressivism）の時代といわれる時期の二人の大統領の考え方を紹介しておこう。

セオドア・ルーズヴェルトの演説は、次のように主張した。

「われわれの国——偉大な共和国——は、それが真実の民主主義の勝利、民衆的政府、そして長期的にはすべての人がその最善を尽くすことができる機会を保障する経済システムを意味しないのであれば、無意味である。……今や、連邦と州の政府は、特殊利益の支配または影響という弊害から解放されなければならない。……今では、**大規模ビジネスの特殊利益が、自らの利益のために、政府の人と政策を支配し、腐敗させている。**われわれは、この特殊利益を政治から排除しなければならない……。

所有権（財産または所有）の真の友、真の保守主義は、主張する。所有権は、社会の主人公ではなく、社会に奉仕するものであるべきだ、と。人がつくったもの［資産］は、それをつくった人の主人ではなく、奉公人であるべきだ、と。合衆国の市民は、自らがつくりだした強力な商業的力を効果的に制御しなければならない」（セオドア・ルーズヴェルト「ニュー・ナショナリズム」、前出注17の *A Documentary History*, pp.305-307.）

「政府の目的は、所有（property）とともに人間の福祉（human welfare）の保護を目

指すことにあると信ずる。通常は、また長期的には、両者の目的は同一である。しかし、どちらかを選択しなければならないという場合には、つねに、私は、所有の側にではなく、人間の側に立つのである。」（*Ibid.*, p.310）

ジェファソンが個人の独立の基礎となると考えた「所有（権）」は、強大な経済権力になりうること、場合によっては人間と対立しうるものであること、したがって「社会に奉仕する」ものでなければならない、ということが論じられている。

１９１２年の大統領選挙で勝利したウッドロー・ウィルソンの議論は次のようなものである。

「われわれの時代には、個人が埋没しているという感覚が存在している。わが国のほとんどのところで、人びとは、自分自身のためにではなく、またかつてのようなやり方のようにパートナーとしてでもなく、一般的には、大企業の被用者――高い地位のあるいは低い地位の――として働いている。実業の世界で企業組織が非常に小さな役割しか果たさなかった時代もあったが、現在では企業が中心的な役割を果たしており、ほとんどの人が企業の奉公人（servants）になっている。

あなたが企業の奉公人になれば、どのようなことが起こるか。あなたは、会社の経営方針を決めている人たちに会うことはまずできない。もし、会社がすべきでないことをしようとしているとしても、あなたはそれについて発言する権利をもっていないし、命令に従わなければならない。しばしば、あなたは、深い悔恨の念を抱きながら、公共の利益に反することがらを遂行することに協力しなければならないのである。あなたの個人としての存在（個性）は、大組織の個性と目的に飲み込まれてしまう。」（*A Documentary History*, pp.313-314）

今でも通用しそうな文章だが、１００年前の人びとにとっては、こうした状況は新しいものであった。企業組織で働く多数の人びとの自由や独立性をどのようにして確保することができるのか、という現代的な問題が生まれていた。

しかし、もちろん、こうした社会の変化は、特定の人が意図的につくりあげたものではない。問題は、**「個人が意図的に行う悪ではなく、システムの悪である」**（ウィルソン）。

世界恐慌時の「個人主義」

ハーバート・フーヴァーは、29年世界恐慌が発生したときの大統領として有名である。大恐慌前年の演説で、フーヴァーは次のように述べている。

「われわれは、平時の選択、つまり**強固な個人主義のアメリカン・システムとこれと正反対の原理——パターナリズムと国家社会主義——に基づくヨーロッパの哲学**との選択に直面している。ヨーロッパ的な考え方を受け入れるなら、中央政府の強化によって自治は破壊されるであろう。また、それは、……個人の自発性と企業心を掘り崩すことになるであろう。……

共和党が完全に復権したとき［1920年の大統領選勝利以降］、共和党は、国家と権利、そして個人の責任に関するわれわれの根本的な考え方を断固として擁護した。それによって、共和党は、アメリカ国民の信頼と希望を回復し、企業を解放し勇気づけた。また、政府を経済ゲームのプレイヤーからアンパイヤーに据え直したのである。ここにアメリカ国民が飛躍的な進歩を実現し、他方で世界の諸国が停滞し、あるいは後退している理由がある」（*A Documentary History*, pp.351-352）

平時には、本来の自由主義の経済――「アメリカン・システム」――に復帰すべきだというわけである。ヨーロッパとの対比も興味深い。フーヴァーによれば、「150年来の自由主義の真の精神は、アメリカン・システムに見出すことができるのであり、ヨーロッパのシステムにではない」(*Ibid.*, pp.355-56)、のである。この時期の共和党政権によって、ヨーロッパとは異なる、つまり社会的な資本主義とは異なる自由主義的な資本主義の道が選択されたのである。

フーヴァーの演説には、「産業の進歩は、競争に依存する」という言葉がある。それ以上に深い意味を述べていないが、ここには、19世紀末から20世紀初頭のアメリカで有力な思潮になった社会ダーウィニズム(社会進化論)の影響がある。その代表的な信奉者とされる鉄鋼王カーネギーによれば、「競争の法則」は、「適者生存」によって、「すばらしい物質的な発展」をもたらしたのである。つまり、経済社会において、もっとも競争力のある企業や個人が勝ち残ることによって、もっとも優れた生産やサービスが提供されることになるというわけである。したがって、産業や商業が少数の経営者や企業に集中し、社会的にも富が少数の富豪に集中して格差が大きくなることは、避けられないだけでなく、望ましいことなのだという。つまり、フーヴァーの「個人主義」とは、そのような富の偏在や企業の集中をよしとする「個人主義」を意味しているのである。

おそらく、個人に莫大な富が集中するのは不当だという批判があるであろう。カーネギーは、富豪の富は、社会、公共から付託された富であり、したがって社会のために還元する必要がある、という。実際、カーネギー個人は、有名なカーネギー・ホールの建設など、社会的慈善に私財を投じた。こうした考え方の当否は読者に委ねよう。しかし、こうした富の集中が、今日までのアメリカ社会の一つの重要な特徴をつくるものであったことは否めない。

再び「社会」へ

このフーヴァーの「個人主義」と「自己責任」は、今日のネオ・リベラリズム（新自由主義）のそれによく似ている。

しかし、この20年代の自由主義はもう一度反省の機会をもつことになる。そのきっかけは、前述のとおり、29年の世界恐慌である。保守的自由主義のフーヴァー大統領のもとで、皮肉なことに、市場の崩壊が生じた。それは、歴史的には、ブッシュ政権のもとでの金融危機の発生と相似形である。そして、大恐慌のさなかに次期の大統領になった、もう1人のルーズヴェルト、フランクリン・デラノ・ルーズヴェルトの言葉のなかにまた、今日のわれわれが見聞きする議論と非常によく似たものを発見することができる。

「彼ら［マネーの取引人］は、利己主義の世代のルールしか知らない。

彼らは、なんの展望ももっていない。破滅した人びとがなんの展望ももてないときに、マネーの取引人は、われわれの文明の殿堂の祭壇から逃げ出した。われわれは、その殿堂を古来の真実のうえに再建しなければならない。

再建の基準は、われわれがどこまで単なるマネーよりも高貴な社会的価値を適用しうるかという点にある。

幸福は、単なるマネーの所有にはない。幸福は、ものごとを達成する喜びのなかに、創造的な努力のなかにあるのである。

仕事の喜びや精神的な刺激が、つかのまの利益の追求という狂った幻想のなかに忘れ去られてはならない」（*A Documentary History*, pp.368-369）

ところで、F・D・ルーズヴェルトが言うように「自由とは、生活を立てることが可能であることを必要条件とする。その時代の標準から見て適正な（decent）生活、人が生きるに足りるだけでなく、人がなにかのために生きることを可能とする生活を立てること

が。」（*Ibid.*, p.375）

「われわれの余りに多くの人にとって、かつて獲得した政治的平等は、経済的不平等の前では無意味である。少数の者が、その他の多くの人びとの所有、人びとの金銭、人びとの労働、そして人びとの生活に対するほとんど完全な支配権を手中にしている。われわれの余りに多くの人にとって、生活はもはや自由なものではない。自由はもはや現実的なものではない。人びとはもはや幸福を追求することができない。このような経済的な専制に対して、アメリカ市民は、政府という組織された力に訴えるほかない」（*Ibid.* p.375）

論旨は明快であろう。１７７６年の独立宣言以来政治的な平等を獲得してきたアメリカ社会が、資本主義の発展の結果として、経済的な不平等を生むに至った。今や経済的な平等を実現しなければならない、というのである。

シンプルなまとめ

ここで単純なモデルに整理してみよう。これまで見たアメリカ史における自由と平等の考え方には、ほぼ三つのタイプが存在しているのである。

一つは、**ジェファソン的民主主義**のそれである。それは、すべての個人が経済的に独立しているという仮定のもとに、小さな政府のもとでの個人の政治的、経済的な自由と平等がめざされた。経済社会においても、政治社会においても、すべての個人が独立性と自由を有し、その意味で平等でもあるという理念が追求されたのである。「建国の理念」である。

もう一つは、**フーヴァー的な自由主義**である。資本主義の発展は、すべての個人の自由と独立というジェファソン的な前提を非現実的なものにした。自由な経済社会のなかから大きな資本とそれに従属する労働者があらわれ、資本を有する経営者のなかにも、巨大な資産を有する富豪（あるいはトラスト）と中小規模の経営者との対立があらわれた。しかし、こうした現実の経済的変化にもかかわらず私的所有（権）と自由市場の正当性をほぼ絶対的な形で維持しようとしたのがこの考え方である。資本主義的な自由主義といってもよい。政治的な自由と平等、経済的な自由と「機会の平等」が、ともに、建国以来の正当な原理として主張された。

最後の一つが、**ウィルソンや2人のルーズヴェルトの民主主義**である。そこでは、経済的な不平等と不自由という現実が、個人の独立と自由、平等の「建国の理念」に反するものとされ、そうした個人の自由と平等の理念を実質的に実現するために、大きな政府が必要だ、とされたのである。ここでは、個人の経済的な自由と独立性を実現するために、企業活動を制限したり、労働者の団結権を認めること、自由の根底をなす生存を保障すること（社会保障）などがめざされた。

第２次世界大戦後の動向については、比較的よく知られているし、また考え方の基本的な型はほぼこの時期までに出尽くしているので、分析は省略したい。戦後、今日までの共和党と民主党の基本的な考え方は、それぞれ、第２と第３の考え方にほぼ対応する。第１の「建国の理念」は、どの党派からも、自己の主張を正当化する理念として尊重されているが、それ自体が現実的なものとなることは、もはやありえない。

そこで、基本的な争点は、「所有（権）」の保障や経済活動の自由（自由市場）を、そのままの形で認めるべきか、あるいはそれらの現実的な機能に応じて必要な規制や公的なコントロールを認めるべきか、という点にある。この二つの考え方は、国家の政策体系や機能に関する考え方において根本的に異なっており、その主張を支える社会的な基盤も異なっている。現代のアメリカは、この二つの思想の、そしてそれを支える運動の相克によって特徴づけられるのである。

フーヴァーが述べたように、ごくごく単純化すれば、この二つの路線は、「アメリカン・システム」と「ヨーロピアン・システム」の対立にも対応する。アメリカにおいて、ヨーロッパ的なシステムに接近しようとしたのが、ニューディールであり、それ以前の革新主義の政策であった。戦後のアメリカは、ほぼニューディール体制を前提として出発し、80年のレーガン体制以降再び「アメリカン・システム」に復帰する動きを見せた。それから30年後、オバマ政権は、再び、「ヨーロピアン・システム」の方向に舵を切ったのである。

もっとも、現実政治は、単に振り子のようにこの二つのモデルの間を行き来したわけではない。それぞれの変化をもたらした現実的な条件が、実は、もっとも重要な点なのである。80年代におけるグローバリゼーションと今日における金融危機はおそらく決定的な条件の一つである。

注

33 大統領選勝利演説（２００８年11月）の冒頭で、「建国の父たちの夢は今日でも生きている」と述べている。また、大統領就任演説（２００９年1月）では、「われわれ国民は、先祖の理想に誠実であり、建国の文書に忠実である」と述べている。

34 ポピュラーな百科事典、ウエブスターによれば、両党の特徴はこのように要約されている。*Webster's New World Encyclopedia*, 1992 ed. の各項目参照。

第四章

市場と政府

1　ケインズとスミス

ケインズ理論の確認

「われわれが生活している経済社会の際立った欠陥は、それが完全雇用を与えることができないこと、そして富と所得の分配が恣意的で不公平なことである」

これはJ・M・ケインズの『雇用、利子および貨幣の一般理論』の有名な一節である[35]。ご存知の読者は多いかもしれない。

この短い一文が、前章で取り上げたフーヴァー的な考え方とほぼ対称の位置にあることは、すぐに了解されるであろう。フーヴァー、カーネギーの議論によれば、「富と所得の分配が不公平であること」は、自由競争社会の必然的な結果なのであり、さらにそれは、社会の欠陥ではなく、社会の進歩を促すメカニズムと捉えられていたのである。また、完全雇用を与えることができないということも（当時、完全雇用という考え方自体が存在しなかったかもしれない）、経済社会の問題ではなく、個人の自己責任の問題として捉えられていた。

ケインズにとっては、「富と所得の分配が不公平であること」は望ましいことではなく、社会の発展（経済の成長）にも役立たない。所得の不平等が倫理的に望ましいか否かという問題を別としても[36]、カーネギーが、富の集中が産業的投資をすすめて社会進歩をもたらすと考えていたとすれば、ケインズの考え方はこれと正反対である。**富豪への富の集中は、けっして生産的資本の増加にはつながらないだろう**。社会の消費（その主体は中産市民や勤労者である）が増加しなければ資本投資の意味がないからである。ケインズにとっては、**過大な所得分配の不平等を是正し、所得の平準化をめざすこと（所得再分配）が、経済の成長を促す**はずだ、と考えられたのである。経済発展のために、所得分配は不平等な方がよいのか、あるいは平等な方がよいのか、結論は正反対である。

また、失業について、ケインズが自己責任と考えなかったことは、冒頭の引用にすでに明らかである。完全雇用が実現しないこと、失業が存在することは、労働者個人の責任ではなく、「経済社会の欠陥」である。働きたくても雇用の場がなく失業（非自発的失業）している人がある状態は、社会の労働供給に対して雇用の場、労働需要が不足しているために生じている。したがって、経済全体における雇用需要を増加させることが必要だということになる。個人の「自己責任」ではなく、社会全体の、したがって政府の施策が問題になるという。

こうしたケインズの考え方によって、経済社会に関するものの見方は、１８０度転換した。
自由な個人と個人の自由によって社会は成り立っている、個々人の自由な経済活動は、「見えざる手」に導かれて社会全体ではうまく調和するはずだ、という考え方は、「個人の自由」と「自己責任」という単純な原理を絶対化し、経済社会に対する政府の責任や介入を否定するレッセフェール（自由放任）の政策に帰着する。社会は、自由な諸個人が自由な関係を取り結ぶ、そのような個人の集合体にすぎない、という社会観がこうした考え方の基礎をなしている。

ケインズが主張したことは、そのような個人の自由のみを原理とする経済社会は、けっしてうまく機能しないということである。「見えざる手」のもとでは失業も発生するし、所得の行きすぎた不平等という弊害が生じる。経済社会を、単なる自由な個人の集合として捉えるのでなく、総体としての経済社会を貫いている論理や運動を把握しなければならない、社会全体の制度や政府の機能のあり方を検討しなければならない、ということになる。社会を個人という最小単位に分解、解消するのではなく、社会それ自体を把握する視点が提供されたといえるのである（マクロ経済学！）。

ケインズは、しかし、個人の自由を否定したわけではなく、むしろ個人の自由が全面的に認められるような社会が望ましいと考えていた。当時のイギリスの政治状況に例えれば、ケインズ自身は労働党ではなく、むしろ自由党の流れに近い自由主義者であったといえる。つまり、個人の自由と一般的な意味における自己責任を前提として、そのような自由な社会が、失業と行きすぎた不平等を解決する道を模索したのである。

「意思決定と自己責任の分権化がもたらす利益は、おそらく、19世紀に考えられていたよりは、今日のほうがいっそう大きい。利己心に訴えかけることへの反動は行きすぎていたかもしれない。だがなんといっても、個人主義は、その欠陥を取り除《の》け濫用を慎む場合には、他のどのような体制よりも自己選択を行使する領域を大幅に拡大するという意味で、個人的自由の最良の守護者だということができる。それはまた生活の多様性の最良の守護者でもある。生活に多様性が生まれるのはまさしくこの拡大した自己選択の領域のゆえであり、多様性の喪失こそ同質的あるいは全体主義的な国家が喪失するものの中の最たるものだからである」（注35の訳書、１８９頁）

ケインズは、フーヴァー的なレッセフェール（自由放任）の資本主義には反対したが、資本主義そのものに反対したわけではない。いわば古典的資本主義から現代的資本主義への橋渡しをしたのである。前に見たように、『自由放任の終焉』で、ケインズは、西欧の知的伝統があまりに個人主義に偏っていたことを批判している。つまり、個人の自由を絶対的な原理として、ここから出発する自由な市場と自由な経済活動が、失業と所得分配の大きすぎる不平等を生み出したと考えているのである。

もっとも、ケインズは、このようにも言っている。個人の自由を原理とする古典派経済学の理論は、論理的に誤っているわけでなく、また一定の条件が与えられるなら理論的に誤っているわけでもない（そのような条件が与えられていない場合をも含む理論が、「一般理論」とされた）。完全雇用（労働に関する需要と供給の一致）という条件が与えられれば、その理論は正しいものとして用いることができる、というのである。

現代の資本主義

現代の資本主義は、このようなケインズの考え方をベースにしているといってよいであろう。アメリカの30年代のニューディール以降、そしてそのほかの先進国の経済理論と経済政策はケインズ理論を基礎とするケインズ主義の時代に入ったのである。この時代は、70年代の国際通貨制度の動揺やスタグフレーションの時代まで続いた。

ケインズ主義の時代の特徴は、29年恐慌を教訓に、消費・投資需要の落ち込みを防ぐための金融・財政政策（有効需要の管理、いわゆるケインズ政策）がとられた、ということである。経済を自由な市場の働きに放任することは、好況と不況の景気循環を放任することを意味し、それはときとして深刻な恐慌に発展することが認識されたのである。景気循環をなくすことはできないが、不況期の需要の落ち込みを政府の公共投資によってカバーしたり、労働組合の団体交渉権を認めたりすることで、賃金の極端な落ち込みを避けることができる。また、社会保障制度も、例えば、失業保険のような制度は、不況期には、失業保険の給付が失業の増加による雇用者所得の落ち込みをカバーし、他方で好況期には、失業保険拠出が増加することで消費需要の過熱を抑制するという景気安定効果をもっていると考えられた。

つまり、ケインズ主義の時代には、激しく変動する市場経済の動きを、政府の経済政策やさまざまの社会的な制度によって押さえ込むことが意図されたのであり、そして、実際、戦後の「黄金時代」と呼ばれる高度成長期には、深刻な不況がほとんどない経済が実現したのである。この時期には、失業も少なく、「完全雇用」が実現した。先のケインズの言葉通りである。また、ケインズの述べたもう一つの「経済社会の欠陥」である所得分配の不平等も、画期的に改善された。累進所得税や相続税が、高い所得に制限を課し、他方で低所得の雇用労働者の賃金水準は引き上げられた。完全雇用の労働市場は、一般に、賃金の引き上げを生み、さらに戦後どの国でも確立した労働者の団結権によって雇用労働者の賃金水準は引き上げられた。また、多くの国でとられた最低賃金制度や生活水準の最低限度を社会的に保障する制度が、国民全体の生活水準を高い水準に維持することになった。50年代、60年代を通じて、所得分配の平等化がどの国でもすすんだ。この時代は、単なる「機会の平等」だけではなく、それを実質的な意味をもつものにする経済的な平等がめざされた時代であったのである。

世界人権宣言（1948年）でも、日本国憲法（1946年）でも、「すべての人間は、生まれながらにして自由であり、かつ、尊厳と権利について平等である」（世界人権宣言第1条）という、アメリカ独立宣言と同じ人間の〝平等〟から出発している。しかし、独立宣言からほぼ200年後の現代的人権宣言は、社会保障を受ける権利や労働者の適正な賃金を受ける権利、教育を受ける権利など、〝社会権〟と呼ばれる現代的な人権を規定している。

こうした社会的な人権の成立は、現代の社会が、そのような「すべての人間は、自由であり、平等である」という理念を実現するために、それぞれの個人がばらばらに自由を行使することを認めるだけではなく、社会や政府が、そのような理念を実現するための制度や政策を採用し、実行することが必要になっているということを意味する。現代の人権宣言は、独立宣言の理念を否定するものではなく、それを実現するための装置を用意しようとしたのである。このような人権宣言の変遷は、経済における自由市場論からケインズ主義への変化とほぼパラレルである。

かくして、現代の社会は、19世紀的な自由主義の世界から大きな転換を遂げた。その間をつないだのは、アメリカについていえば、前章で取り上げた革新主義からニューディールの時代だった。しかし、ネオ・リベラリズムは、このような現代的な資本主義のあり方に根本的な異議申し立てを行った。現代的な政府や法制度のあり方は、経済活動を過度に規制し、企業や個人の自由を奪っているのではないか、その半面で、大きくなりすぎた政府が社会の活力を弱めているのではないか、というのである。そのような主張のなかで、カーネギー的な生存競争論（〝勝ち組・負け組み〟論）や古典的な「自己責任」論が主張されるようになった。改めて確認しておけば、個人の「自由」やその反面としての「自己責任」のあり方は、個人の気のもちようの問題ではない。経済社会のあり方、根本的な社会と個人の関係のあり方に関係する問題である。

そこで、現代社会が、どのような意味で個人の「自由」を奪っているといいうるのか、「大きな政府」は社会の活力を奪うのか、という問題を少し立ち入って検討することが必要である。もちろん、ここで問題になる「自由」は、経済的自由あるいは財産権的な自由である。精神的な自由、政治的自由については、ネオ・リベラリズムはそれほど関心をよせない。

経済社会と自由

結論的なことからいえば、古典的な意味における個人の経済的な自由や独立が保障される経済社会というものは、ネオ・リベラリズムの理念にもかかわらず、今日の時代においてはもちろん存在しない。経済社会の現実がそれを許さないのである。そのかぎりで、純粋な意味における自由な個人や小さな政府は、観念の世界においてのみ存在しているといってよい。ジェファソンやその師であるジョン・ロックの議論を想起してみればそれは明らかであろう。

個人主義の強いアメリカでも、ニューディールの時代には、すでに見たように金融規制（グラス・スティーガル法）や労働者の団結権（ワグナー法）、社会保障法など、自由市場を規制する法制や社会的制度が形成された。また、戦後は、ルーズヴェルト的な公共事業は、冷戦体制のなかで大規模な軍事投資に変わり、政府と産業界が結びついた軍産複合体を生み出した。「小さな政府」のレーガン大統領の時期にも、大規模な軍拡が一種の〝ケインズ主義〟と称され、90年代には、増大する社会保障費が軍事費を追い越す主要な政府支出になった。レーガン期以降（正確には、その前の大統領カーターの時代から）の規制緩和によって、所得税率のフラット化や金融市場の自由化など（とくに重要なのはグラス・スティーガル法の廃止、１９９９年）が行われたとはいえ、政府の財政規模は伸び続けてきた。ネオ・リベラリズムの権化と目されてきたアメリカもまた、古典的な自由主義の資本主義ではなく、現代的な資本主義の国なのである。アメリカの資本主義は、国際比較の観点からは「自由主義的資本主義」、「自由主義的市場経済」などと特徴づけられうるが、それはあくまで相対的な特徴を示すものにすぎない。アメリカが現代的な資本主義であることを否定する余地はない。

では、現代の資本主義あるいは現代的な社会の制度や政府の活動は、個人の経済的な自由をどの程度制限し、あるいは奪うことになっているのであろうか。

現代の資本主義においても、こうした個人の自由が否定されるわけではない。経済システムが、個人の自由と私的所有権を基礎とする資本主義とは別のものになったわけでもない。**個人の自由と私的所有権、自由な市場取引という古典的な資本主義の原理は、原理として否定されているわけではない**のである。それは、依然として、資本主義である。ただ、アメリカの新古典派総合（一種のケインズ主義ともいえる）のポール・サミュエルソンが言ったように、それは、古典的な資本主義と異なる資本主義、私的市場経済と公的セクターの役割とが共存する「**混合経済**」になったのである。そして、そのようなシステムのもとにおける所有権や経済的自由の制限は、むしろ、人びとの生存や実質的な経済的自由を保障するためのものなのである。

ケインズが、古典派の自由市場の理論が一定の条件を与えた場合には正しい、と述べたことは紹介した。ケインズによれば、市場的な自由を全面的に認めるこの理論が問題なのは、理論の「暗黙の仮定」が「めったに、あるいは全く満たされ」ないからである（注35訳書、187頁）。

二人のルーズヴェルトやウィルソンが述べたような「独占」、「トラスト」、「富の集中」と「労働者の従属」などの現代的な資本主義の現象は、理論における自由な個人、自由な取引という前提を覆すものであった。経済活動の主体が、等質で、同等の交渉力を有する「自由な個人」ではなくなっているからである。古典派経済学（現在の言い方では新古典派経済学）の想定する理想的な市場と現実の多くの市場とは、構造的に異なるものになっている。仮に古典派的な市場がかつての資本主義の時代に（近似的な形態においてであれ）存在していたとしても、そのような市場構造は、現代資本主義の段階に至って、大きく変容している。そのために、現代の資本主義は、個人の自由を実質化するための法制度や政府の政策の変更を、不可避なものとしたのである。

ケインズは、ある意味で、そのような現代の資本主義社会の変容を、ただ、経済理論において表現したにすぎない。アメリカについて見たように、革新主義の時代のリーダーたちは、現実の経済社会の変化に着目して、累進所得税や政府の役割の重要性を主張したのであり、ケインズの母国、イギリスでは、20世紀初頭の自由党のもとで、累進所得税による所得再分配政策や国民健康保険、年金などの社会政策が展開され、今日のそれとはちょうど反対の意味合いにおいて〝ネオ・リベラリズム〟（古典的な自由主義と異なるという意味合い）という表現が用いられたのであった。

「政府」とはなにか

アダム・スミスは、「政治家あるいは立法者の科学の一部門と考えられる政治経済学」は二つの目標をめざしているという。一つは「**民衆に豊富な収入または生活資料を供給すること**」であり、もう一つは「**公務を行うに足りるだけの収入を、国家または公共社会に供給すること**」である[37]。前者が、経済活動の発展を意味することは説明を要しない。問題は、後者の「公務」の存在が当然のこととして認められており、公務を行う国家（公共社会）がそのための収入を得なければならない、とされていることである。

こんなことは当たり前ではないか、という感想をもたれる読者が多いと思う。しかし、それは必ずしも当たり前ではないのである。「見えざる手」の力によって、自由な経済社会の活動が、ちょうど適当な分業と交換を生み、社会の生産力を発展させる、というスミスの理論からすれば、政府も国家も必要ないという議論が出てきてもおかしくないからである。最近の市場主義的な考え方によれば、政府は小さければ小さいほどよいととられるような主張がなされているし、極端に自由主義を推しすすめる考え方は実際、政府の不要、という無政府論に行き着いている[38]。

では、政府は、どのような公務を担うとスミスは考えたのか。スミスが「国家の経費」として挙げたのは、防衛費、司法費、そしてそのほかの公共事業と公共施設の経費である（注37訳書第3巻、343頁以下）。ここでも初めの二つは説明を要しない。問題は、第3の公共事業・公共施設の中身である。スミスによれば、それは、「社会の商業を助長するためのもの」と「国民の教化を促進するためのもの」に分かれる（同前396頁）。前者には、道路、橋、運河、港など経済のインフラストラクチャーと貿易の安全の確保とそのための関税の徴収が含まれる。後者には、学校と大学、宗教教育が挙げられている。

これらの公共的な業務は、いずれも「社会全体の一般的利益」になるものであるので、「社会全体の一般的拠出」（一般的租税）によってまかなわれるのが適当であるが、通行税や講義への謝礼などでまかなうことも差し支えない。しかし、「直接に利益を受ける社会の特定成員の拠出」だけでは不足する場合は、それは「社会全体の一般的拠出によって埋められなければならない」（同前訳書第4巻、116頁）。

ここで、スミスの本が、アメリカの独立宣言と同じ1776年という遠い昔に書かれた本だということを想起しておこう。政府の公共事業の範囲は今よりかなり狭いし、実は、今では時代遅れと思われるような「主権者の尊厳を保つための経費」（ここでの主権者は君主のこと）という第4の公共的経費も挙げられている。しかし、根本的な考え方は、今日でも通用する。すなわち、**社会には、個々人の利益に還元しきれない「社会全体の一般的な利益」が存在し、そのような利益に貢献する事業は、社会全体の拠出によって、「公共的な事業」として行われなければならない**、ということである。そして、これが、個人の自由と自由な市場を徹底して考え抜いたスミスの一つの結論だったことは、記憶しておくに十分値する。

スミスのこの議論が意味することは、資本主義の始まりのときから、国家と政府が存在し、公共的事業とそのための租税が存在していたということである。軍隊と警察、裁判所だけあれば、あとはどんな政府機関も要らない（〝夜警国家〟）、というような時代はかつて一度もなかったのである。

注

35　J・M・ケインズ『雇用、利子および貨幣の一般理論』（間宮陽介訳、岩波文庫下巻、178頁）

36　ケインズ自身は、大きすぎる所得分配の不平等は、倫理的にも正しくないと考えていた。「所得と富の著しい不平等でも、社会的・心理的に正当化できるものはある」（前掲訳書、180頁）ということは、ケインズが、一般的には、これを望ましくないと考えていたということであろう。

37　アダム・スミス『国富論』（水田洋監訳、岩波文庫、第2巻257頁）

38　Nozick, *op.cit.*ノージック『アナーキー・国家・ユートピア』前出注28参照。

2　現代の「福祉国家」

「大きな政府」と世論

現代の「福祉国家」においては、社会保障や教育、住宅に関する公共支出は、スミスのいう「公共事業と公共施設」の範囲と量とを飛躍的に拡大させることになった。今日、「政府」の規模を見るときには、通常、一般的な租税負担の水準だけでなく、強制加入を特徴とする（その意味で税と似ている）社会保険の拠出を加えたGDP比の水準を用いている（「国民負担率」）。このような税・社会保障負担の水準で見ると、先進国のなかでは、アメリカ、日本がもっとも低い水準（30〜40％）にあり、ドイツ、フランスなどのヨーロッパ諸国が中間（50〜60％）に、スウェーデン、ノルウェーなどの北欧諸国が非常に高い水準（60〜70％）にある[39]。すでによく知られているとおりであるが、このような大きな公共支出の水準の違いからすれば、「福祉国家」とは、ヨーロッパや北欧の国を意味するというべきかもしれない。

ところが、皮肉にも、ネオ・リベラリズムや、「福祉国家」批判がもっとも強く沸き起こったのは、イギリスやアメリカ、日本などの、どちらかといえば「小さな政府」に属する国であった。もし「大きな政府」が国民の生活に負担となるというのであれば、「大きな政府」の北欧やヨーロッパから強い批判が出てくるはずである。しかし、そうではなかった。一つだけ例を挙げよう。２００６年9月に、スウェーデンで自由主義派の保守政党が政権をとるという政権交代があった。そのときに、選挙で勝利した保守政党が掲げたのは福祉国家の縮小ではなく、その維持であったといわれている。福祉国家の批判では選挙に勝てないというのである。では、**「大きな政府」の国ではそれほど批判が強くなく、「小さな政府」の国ほど「大きな政府」への批判が強い**のは、どうしたことだろうか。

いくつかの点をピックアップしておこう。まず、**「大きな政府」が必ずしも国民の高い負担だけを意味するものではないことは**、スミスの議論からも明らかである。政府の公共的事業は、「社会の一般的利益」のために行われている、それがスミスの議論だった。「公共」とは、まさに国民、民衆のことにほかならないのである。公共（public）の意味に関するこうした理解は、わが国でもすでにおなじみの議論だ。「大きな政府」が一般に国民の利益に反するということはできず、むしろ、一般的には、それは国民の利益になるというべきなのである。

他方、「小さな政府」の国で「大きな政府」への批判が起きるのは、政府に対する不信があるからである。高い税金を払っても、その使い道（政府による公的支出）についてコントロールすることはできないかもしれない（民主主義の欠如）と考える市民が多ければ、そうした国では税金は低いほどよいという考え方が支配的になるだろう。あるいは、小さな政府のままで快適な生活のできる層が大きい場合には、そうした層からの反発や批判が生まれやすい。また、自由競争的環境で中産的生活を手にしている市民は、低所得者への公的支出に反対しがちになる。日本やアメリカには、これらの条件のいくつかが存在しているといえるかもしれない。

そうであるとすれば、「福祉国家」が成立するためには、その社会における**政治的な民主主義（政府と民衆との近い距離）**と**市民の間における非競争的な、その意味で共同的・連帯的な意識**の存在が必要であるということになるだろう。

ベヴァリッジ報告

エスピン‐アンデルセンというデンマーク出身の経済学者は、福祉国家を3つないし4つに類型化している[40]。この場合には、ほぼすべての国の経済を「福祉国家」と呼んでいるが、それは「社会保障」とほぼ同義である。北欧の「社会民主主義的福祉国家」、大陸ヨーロッパの「保守主義的福祉国家」、アメリカなどの「自由主義的福祉国家」の3つであり、それに日本などの「アジア的福祉国家」を加えれば4つになる。この類型は、先に指摘した政府の規模ともほぼ比例している。もっとも発達した福祉国家は、北欧のそれだということになる。

しかし、現代の「福祉国家」あるいは社会保障というものの考え方の起源は通常、イギリスのベヴァリッジ報告にあるといわれている。社会保障には、**ベヴァリッジ型**（全国民に統一的な均一拠出・均一給付の社会保険）と**ビスマルク型**（ドイツのビスマルクの社会保険に由来する。全国民を一率に対象とするのではなく、職域ごとの所得比例型の社会保険）が代表的な型としてあるといわれている。厚生年金や共済年金などのように分かれている日本は、このビスマルク型に属する。実は後者の方が歴史は古い（ビスマルクの労働者保険は１８８０年代）のだが、ここでは前者のベヴァリッジの構想にふれておくことにしよう。ベヴァリッジ報告は、戦後イギリス福祉国家の骨格をつくっただけでなく、包括的な社会保障の計画として、国際的にも大きな影響を与えたからである。

ベヴァリッジ報告『社会保険および関連サービス』[41]（１９４２年）が「窮乏」に対する克服策として提案したのは、国民全員が加入する包括的な社会保険であり、〃均一拠出〃、〃均一給付〃の社会保険である。「すべての市民」が労働年齢にある間は、それぞれの市民の職業的属性に応じた保険基金に、所得の多寡に関係なく全国一律の一定の金額の保険料を拠出する。そして、「失業、障害、退職」などによって所得を失った市民は、この社会保険基金から、一定の金額の給付を、「必要（need）」が続くかぎり受け続けることができる。この仕組みが完全に作動したときには、「すべてのノーマルなケースについて、生活に必要な最低限の収入」（307項）を保障することができると考えられているのである。

生活上のリスクに対して、**すべての個人に「そのほかの収入がなくても」それだけで最低限の生活費を保障するような給付を与える**というのがこの制度のねらいである。したがって、この制度が完全に適用されるようになれば、一般に資産調査（ミーンズ・テスト）を伴う公的扶助は、これによって不要になるはずだと見通された（23項）。ミーンズ・テストはどうしても個人の誇りを傷つける面があるために望ましくないと考えられたのである。「基本的な必要」を満たす給付は、国家や社会の〝恩恵〟として与えられるものではなく、すべての市民が自ら負担する基金から支給される〝権利〟になる。

このようなベヴァリッジ報告がめざしたのは、すべての市民に、最低限の生活、「基本的必要」の保障を確保する仕組みをつくることであった。したがって、最低生活の保障を国家的な制度で確保したあとは、個々人が自由な活動や貯蓄を通じて高い生活水準をめざす余地が残されていたのであり、ベヴァリッジは、むしろ積極的にそのような生活水準の向上や、リスクに対してより高い保障を行う任意保険（民間保険）の活用を推奨した。その意味で、この報告の提案する制度は、包括的な社会保険の全市民への強制的適用という性質をもっているとはいっても、それは最低限のフロアーを設定するものであり、それを超える領域については個人の自由と責任に広い可能性を残していたのである。

ベヴァリッジと完全雇用

ベヴァリッジ報告では、**「雇用の維持」**つまり**「大量失業の回避」**が、**子ども手当、包括的な医療サービスの確立とともに「社会保険の成功にとっての必要条件」**（14項）とされている。ここでの「雇用の維持」、「大量失業の回避」は、ケインズについて見た「完全雇用」とほぼ同じ意味である。この報告書のあとに書かれた『自由社会における完全雇用』[42]（1944年）で、ベヴァリッジは、戦間期の失業率が10パーセントから22パーセントに達するものであったとしたうえで、3パーセント以下の失業率をめざすべきだとしている。「失業を除去するだけでなく、失業の恐怖を取り除く」ことが必要だとされたのである。そのような完全雇用の状態を実現するためには、社会における「有効需要の量」が十分であることが必要であり、そのために「需要を社会化する」ことが必要である。ここでも、ベヴァリッジはケインズの考え方を下敷きにしている。

イギリスのナショナル・ヘルス・サービス

ベヴァリッジ報告で、包括的な医療サービスの確立が〝均一拠出〟〝均一給付〟の社会保険が成功するための必要条件とされていた。

イギリスでは、1946年に国民保健サービス法が制定され、国費で運営される国民保健サービス（ナショナル・ヘルス・サービスまたはNHSとして知られる）が開始した。医療については、日本の健康保険のように、社会保険で対処するのが一般的な政策であるが、イギリスでは、国費で直接運営するというめずらしい方式が採用されたのである。こうした公営医療の方式をとる国には、イギリスのほか、カナダ、ニュージーランドなどのアングロサクソン諸国、北欧のスウェーデンなどがある。市民が払う医療費は原則として無料であり、大多数の医師は公務員である。

NHSは、医療分野については、ほぼ全面的に市場原理を排除して、公共的なサービスの領域として編成している。

NHSは、市場原理と異なるという点で、しばしば批判を受けてきた。市場原理をベースにする考え方によれば、医療サービスの費用は、サービスを受ける患者が負担すべきだということになる。日本でいう、「受益者負担」の原則であり、医療における「自己責任」

の原理である。

医療サービスを無償にすれば、過剰な診療が行われ、公共的な負担という個人の目から見えにくい財政に過大な負荷がかかるのではないか。公的な医療機関には、財政規律が働かず、乱診乱療という無駄が生じるのではないか。こうした日本でも聞かれる公的医療制度への批判が、ＮＨＳには寄せられることになる。また、日本のように自営の開業医が広く存在する場合には、医師の経済的な利益がＮＨＳのような方式では害されるのではないか、という不満も出てくる。医師にとっては、開業医の方が公務員であるよりもはるかに高い報酬が得られると考えられているのである（実際にそうであるかどうかはわからない）。

そこで、問題は、医療を〝ビジネス〟と考えるべきか、ということに帰着する。公的医療の不効率というような問題は、実は本質的な問題ではない。医療をビジネスと捉えるなら、医師や医療機関が〝利益〟の上がる治療に特化する傾向を生み、高所得者は高額の高度医療や美容整形など、場合によっては不必要な〝医療〟を求めるようになるであろう。他方、高額の治療費を払えない低所得者の利用できるような医療機関は、少数の良心的な医師や看護師の努力によってかろうじて支えられるということになり、全体としてのサービスは縮小するという傾向が生まれるに違いない。アメリカの医療は、まさに、そのような医療格差がもっとも大きくなっている例である。

イギリスのＮＨＳに戻ろう。市場原理主義に立つサッチャー政権はその廃止をめざしたといわれているが、ＮＨＳは、さまざまな改革を経験しつつ今日まで続いている。ＮＨＳに対する世論の支持は高い、といわれているのである。それは、この制度のような公共的な医療システムが社会が求める必要に、少なくともかなりの程度合致していることを意味するであろう。

揺り篭から墓場まで

ベヴァリッジ報告は、戦後イギリスの「福祉国家」（〝揺り篭から墓場まで〟）の出発点をなすものであった。その特徴をもう一度簡単にまとめておこう。

失業保険や年金保険を含むベヴァリッジの社会保険は、全国民を対象とする強制加入の公的保険であり、そのかぎりで、「個人の自由」を制約している。保険に加入しない自由はないのである。しかし、そのような保険がないとすれば、失業や病気、退職などの収入の喪失というリスクが多くの人を襲う可能性がある。

ベヴァリッジの社会保険は、そのような強制によって、むしろすべての市民がどのような場合でも「最低生活」を保障され、そのことによって**「個人の自由」が現実的に保障さ**

れることを意図しているのである。公的制度による強制と個人の自由とのこうした基本的な関係は、社会保険一般、社会保障一般に共通するもので、ベヴァリッジに特有なものではない。

「個人の自由」にとって、そのような強制が必要なのは、そのような強制がないとすれば「個人の自由」が、〝飢餓の自由〟を含むような、実際上の不自由に帰結するような現実社会の構造があるからである。われわれは、しばしば、「個人の自由」や「自己責任」を絶対的なものと考えがちである。しかし、「個人の自由」が絶対的に保障されうるのは、すべての人が、食べて生存することができる、自由に行動することができるという経済的な条件を有している場合にかぎられる。

ルーズヴェルトが言ったように、人間としての、あるいは市民としての生存が確保されていることは、あらゆる「個人の自由」の前提条件である。社会保険や社会保障は、そしておそらくナショナル・ヘルス・サービスのような公的医療は、現実の生活における不安を取り除く役割を果たしているのであり、その意味で、それらは、「個人の自由」の前提条件を形成する社会的なインフラストラクチャーである。それは、理論上は、社会の構成員のそれぞれの自由意思に基づく合意（〝民主主義〟）を基礎とする、共同の社会的な事業、制度なのである。ベヴァリッジ報告によれば、それは「国と個人とのあいだの協力」（9

項）によって達成されるべきものにほかならない。それは、いわば、すべての個人の社会的な「共同責任」の制度としてつくられている。そうした社会的な基礎の上に、個人の「自由」や「責任」が実質的に意味のあるものとして語りうるということになるだろう。

注

39 手軽には、『図説　日本の財政』（東洋経済新報社）各年版を参照されたい。

40 Gosta Esping-Andersen, *The Three Worlds of Welfare Capitalism*, Polity Press,1990. イエスタ・エスピン－アンデルセン『福祉資本主義の三つの世界』（岡沢憲芙・宮本太郎訳、ミネルヴァ書房、２００１年）

41 William Beveridge, *Social Insurance and Allied Services*, HMSO, 1942.『ベヴァリジ報告　社会保険および関連サービス』（山田雄三監訳、至誠堂、１９６９年）

42 William Beveridge, *Full Employment in a Free Society*, Allen and Unwin, 1944.

第五章

「自己責任」から「社会責任」へ

これまでの章で、「自己責任」のあり方は社会の、とくに資本主義のあり方にかかっていることを見てきた。そして、資本主義のあり方そのものが、国によって異なっており、また歴史的にも変化してきたことを確認した。

しかし、そもそも個人と社会との関係や市場と政府との関係はいったいどのようなものとして考えたらよいのであろうか。ここでは、「社会」というものをどのように考えたらよいのか、「市場」と「社会」とはどのような関係になっているのかについて、少し原理的に考えてみたい。われわれが生きている社会を、およそすべて市場的な関係で成り立っているとでもいうような考え方[43]が今日の「自己責任」論を生み出しているように思われるからである。

1　「社会」あるいは公共的なもの

謝礼と料金

ヨーロッパでは昔、患者が支払う医師への報酬は、〝謝礼〟(honoraires)[44]と呼ばれていたという。これは、一章でふれたミッシェル・アルベールが紹介するところである。〝謝礼〟は、医師についてだけでなく、弁護士や教師についても用いられた。

アルベールが言う〝謝礼〟は、日本でもそうであるが、決められた価格の料金と違い、支払う側の感謝の意味を込めて支払われるものであり、それはしたがって、一律の金銭の価格に親しまない。医療についていえば、裕福な人は高い謝礼を払うかもしれないが、貧乏な患者はごく少額しか払えないかもしれない。場合によっては、金銭で支払うことはまったくできないかもしれない。それでもよい、というのがここでの〝謝礼〟の意味である。

医師について、〝謝礼〟という形で報酬が支払われることは、その社会では、医師による診察や治療が〝市場財〟として意識されていないことを意味するであろう。市場のロジックは、市場価格で財やサービスを取引するということだから、医療が市場財であれば、市場で決まる価格がサービスに対する料金としてやりとりされるはずなのである。

この〝謝礼〟のロジックは、市場取引よりも、より直接的に人間的な関係を指し示している。医師の治療は、病気や怪我を負った人間を助ける医師の仕事そのものであり、そのような仕事の本分からすれば、治療の必要な人間に対しては、患者の支払い能力や社会的地位がどうであれ、それが治療を必要とする人間であるかぎり、治療をしなければならないだろう。他方、そのような医師の救助によって命や健康を取り戻した患者からすれば、医師の仕事はなにものにも代え難い贈り物である。そのような贈り物に対して、できるかぎりの感謝を返さなければならないというのが、人間の自然な感情である。患者から見れば、医師の仕事は、非常に価値の高い仕事だという意味で、崇高なものである。〃お金には代えられない〃ものであるということになるだろう。そのようにして、医療は、もっぱら〃お金〃の媒介する市場世界には入りきれない、市場の外の行為や関係になる。医療における〃謝礼〃の意味は、おおよそそのようなものだ。

この〃謝礼〃の例は、この社会が市場的な関係だけで成り立っているわけではないことを暗示している。市場的な関係ではないものとは、1対1の個人と個人の関係であれば、私的な親切や思いやりということになる。それが、多数の個人と多数の個人との関係であり、医師の〃謝礼〃のように、サービスの対価が非市場的なものとして社会的な慣行になり、あるいはルールになるときは、それは、非市場的な社会的サービスになるであろう。医師は、特定の個人に対してではなく、社会公衆の一般の人に対して、分け隔てなく〃謝礼〃という社会的ルールのもとで、診療を与えるということになる。そうであれば、そのような医療は、誰でもがアクセスできる社会的・公共的なサービスであり、医師は、社会的・公共的な仕事の担い手だといえるだろう。社会は、いわば自然に、そのような社会的な、あるいは公共的な仕事の領域を形成してきたといえる。

しかし、アルベールは、医師の場合も法律家の場合も、ヨーロッパでは〃謝礼〃的関係になっているが、アメリカでは、市場的な関係になっているという。実際、アメリカの医師や弁護士の仕事は、高度に市場的であるようだ。これは、そのような非市場的な仕事が市場的なものにもなりうるということを意味している。訴訟社会といわれるアメリカで、企業をかけもちして手広くビジネスを行う弁護士は、ビジネスのリターン（報酬）を追求するという点で大きな金融機関のトレーダーとあまり変わらない。つまり、市場的世界と非市場的世界を厳然と隔てる壁は存在していないのである。市場と市場でないものとの間にどのような境界を引くか、それは、それぞれの社会の、したがってそれぞれの社会の人びとの選択にかかっている。ただ、それにもかかわらず、その選択の結果には大きな違いがある。

市場的なサービスも、誰にでも開かれているという点では〝公共的〟である。市場は、市場で決められた価格を支払うかぎり、誰も排除しないという点で、すべての人に平等に開かれている。しかし、当然のことながら、価格の支払いのできない人は市場から排除される。したがって、〝謝礼〟的な関係と市場的な関係との違いは、この価格の支払いの一点にある。しかし、この価格支払いの条件が、おそらく決定的な違いを生むのである。

個人の自由と独立を謳い上げたあのジョン・ロックでさえ、「人は、老人や賢人を尊敬し、その子どもや友人を守り、困窮した人を助けたり、支えたりするだろう。そして、恩を受けた人に対しては、自らもっているものやできることのすべてでも返しきれないと思うような感謝を捧げるであろう」[45]と述べている。人間は、他人の健康や生存の危機を放っておくことはできないのである。それは、おそらく、人間が社会的に、つまり純粋に孤立した個人としてではなく、助け合いや感謝の関係を含む共同の関係をもって生きていることによるのであろう。世界的な貧困問題に取り組んでいる経済学者アマルティア・センのような人であれば、そうした関係を、「社会的人間（social beings）」とか、「社会的規範（social norms）」という言葉で表現するかもしれない[46]。これに対して、市場が想定するのは、「利己的個人」である。

社会と「公共」

ロックは、人間が〝自然状態〟を離れて社会をつくる際の論理を次のように述べている。「それゆえどこにおいても、何人かの人間が結びついて一つの社会をつくるとき、すべての人は自己の自然法的な権限を放棄して、それを公共（public）に委ねる。ここに、そしてここにおいてのみ、政治的な、あるいは市民的な社会が成立するのである。[47]」

自然状態では、人は、完全な自由とともに、その自由や所有、生命・身体への侵害に対して防御し、反撃する権利（自然法上の権利）をもっていると想定されている。もし、そのような自然的な権利が自由に行使されるなら、際限ない闘いに陥ってしまうであろう。ロックは、これを「戦争状態（state of war）」と呼んでいる。人が自然状態を離れて社会に入る一つの大きな理由は、そのような戦争状態を避けるためである[48]。そこで、人びとは、お互いにそのような権利を「公共」に預けることによって、平和に共存できるような「社会」をつくるというわけである。社会に加わる人は、社会に加わることによって、「社会の公共善（公共の幸せ public good）が求めるような法律を、社会、同じことであるが立法府が彼のためにつくることに同意するのである」。ロックは、「公共善」のほかに「人びとの幸せ（the good of the people)」、「社会の幸せ（the good of the society)」、「公共の福利（public weal)」などいろいろな言葉を同じ意味で使っている。

このロックの議論が意味するところは、「社会」は、その構成員である市民の幸福、自由と生存とをより良く実現することを目的としているということである。こういうことに対しては、ロックの議論に対してもそうであったように、そんな〝自然状態〟の想定やそれに基づく〝社会〟の成り立ちなどは、空虚な想像の世界のものであって、現実には役立たないという批判があるだろう。たしかにそうである（想像の世界の議論であることは否定する必要はない）。それは、空想的な仮定の議論にすぎない。しかし、問題は、そうした状態や社会が現に存在したか、存在するか、ではなく、〝社会〟というものについて、どう考えるか、なのである。もし、「人は、生まれながらにして自由かつ平等である」という考え方を認めるなら、そのような出発点から、「社会」というものをどのようなものとして考えるべきか、ということが問題なのである。

ロックの議論は、実は、もともとは、当時のイギリスの政争に関連して、サー・ロバート・フィルマーの絶対君主制擁護論を批判するためのものだった。ちなみに、ロックの『市民政府論』は、『政府二論』という本の第2部にあたる部分であり、第1部は「サー・ロバート・フィルマーとその追随者たちの誤った諸原則とその理由づけを検証し、排斥する」という非常に論争的なタイトルのものである。ロックの紹介するフィルマーの議論によれば、「人は自然的に自由であるわけではない」のであり、絶対君主は、人びとの雲の上に存在している、というのである[49]。そのような君主は、神によってつくられた人間（アダム）の血を引く人びとの父として社会を支配する権限を神から与えられているというのである。王権神授説である。このフィルマーの議論も、空想上の世界でつくられているという点で、自然状態の仮説と異ならない。社会をどう考えるべきかということが、本質的な争点なのである。

そのように考えた場合に、ロックの「社会」や「公共」の考え方はなお重要な意味をもっているといえる。

もう一度おさらいすれば、ロックにおける「公共」とは、社会を構成する人びと（ロックは人びとの合意によって形成された社会を〝市民社会〟、〝政治社会〟と呼ぶので、構成員は〝市民〟と呼ばれる）の集まりそのものであり、「社会」はそのような人びとによって、その人びとの幸福（そして自由と生存）をたしかなものにするためにつくられている。

ロックにおいては、本来的に自由で、独立している人びとが、さまざまな危険を避けるために、**「自分たちの生命と自由、そして……資産（所有）を相互に保障し合う」**[50]ために社会をつくり上げる。ここで、「相互に保障し合う（mutual preservation、相互維持）」という言葉に注目していただきたい。「社会」は、自己の利益だけを追求する場ではなく、ほかの人の利益（その最たるものは生命である）も合わせて、お互いに守り合う場とされているのである。

資本主義の経済関係が複雑化した今日でも、こうした基本的な考え方は変わらないだろうという議論がある。1971年に出版された『正義論』によって世界的なブームを巻き起こしたジョン・ロールズの議論がその一つである。『正義論』は原題を直訳すれば「正義に関するひとつの理論（*A Theory of Justice*）」なので、あまり堅苦しく考えないでもよいかもしれない。

そのロールズは、その書き出しで「社会的協力（social cooperation）における正義の役割」という言葉を使っている。社会は、それを構成する人びとの協力関係によって成り立つ組織であるということである。似たような表現をいくつか挙げてみよう。「社会は、多かれ少なかれ自己充足的な人びとの集まり（association、結社、団体）である」、「それに加わる人びとの幸福（good）を発展させるために設計された協力のシステム」、「社会は、相互の利益のための協力の事業（cooperative venture、協力の行為）」などである[51]。

「社会」についての、ロールズのこうした捉え方はロックのそれとほぼ同じであるといってよいであろう。ロールズの議論がロックのそれと大きく違うのは、社会内における構成員間の利害の対立（自由や所有の侵害ではない対立）を問題にしていることである。「協力の事業」である社会は、一般に「利害の同一性（identity）とともに、利害の対立（conflict）によって、特徴づけられている」のであり、利害の同一性とは、「社会的協力がすべての人の生活をより良くする」という点にあり、利害の対立とは、「協力の働き（collaboration、協働）によって生産されたより大きな利益［社会的に生産された富といってもよい］がどのように分配されるか」という点についての対立にある。分業や協業などの社会的な協力関係によって生産される社会的な富をどのように社会の構成員に分配するかという点についての争いである。これについての「公正な分配の原則」を検討するのがロールズ理論の中心テーマであるが、ここではその内容にふれる余裕はない。ただ、次の点についてだけ、注意しておこう。

社会的富の分配に関しては、人は利己的にのみ行動するであろう。ロールズは、それを「人間の利己的傾向」といっている。およそあらゆる経済的行為は所得分配のあり方に関係する。そうであるとすれば、社会の成員が利己的に行動すれば、社会の協力関係は無視され、個人的利益の対立に解体されてしまうだろう。「社会」そのものが解体してしまうかもしれないのである(先ほどの〝自然状態〟)。しかし、ロールズは、人間にはもう一つの面があるという。それは「公共的な正義の観念(public sense of justice)」である。そして、そうした正義の観念が、社会の維持を可能にしている。「バラバラの意図と目的をもつ諸個人の間で共有されている正義の観念が、市民としての仲間である(civic friendship、市民的友愛)という絆をつくり上げる」[52]。

ロールズの「正義の観念」が社会的な絆を強めるという議論は、やや観念的な感じがする、納得できない、と感じる読者もおられるであろう。ロールズが、これらの命題を引き出したのは、「直感的な確信(intuitive conviction)」からだということになっている。しかし、ロールズの理論そのものを検討したり、評価したりすることがここでの目的ではない。ポイントは、利己的個人によって構成される市場経済を前提にしても、なお、社会的協力の意味があり、かつ「社会」の存在意義があると、ロールズが主張していることである。

注

43 もちろん、このような考え方を純粋に主張する議論はないであろう。しかし、「市場主義」であるとか、「市場に聞け」というような主張がなされるとき、「社会」はほとんど「市場」と等値されているように見える。

44 フランス語のhonorairesは、英語のhonorariumに相当する。英語のhonoraryは、「名誉職」など報酬のない仕事をさし、「謝礼」の意味ではあまり用いられない。

45 ロック『市民政府論』（鵜飼信成訳、岩波文庫）73頁。訳文は変えてある。原文は、John Locke, *Two Treaties of Government,* Everyman,1993, p.149.

46 Amartya Sen, *Development as Freedom,* Oxford University Press, 1999. p.262. アマルティア・セン『自由と経済開発』（石塚雅彦訳、日本経済新聞社、２０００年）。

47 前掲、ロック『市民政府論』90頁。*Op.cit.,* p.159. 訳文は変えてある。

48 同前、27頁。*Ibid.,* p.125.

49 John Locke, *op.cit.,* p.7.

50 『市民政府論』１２７頁。*Ibid.,* p.178. 訳文は変えてある。

51 John Rawls, *A Theory of Justice,* Harvard University Press, 1971, pp.3-4. ジョン・ロールズ『公正としての正義』（田中成明訳、木鐸社、１９７９年）

52 *Ibid.,* p.5.

2　市場は万能ではない

主としてロックを参照しながら見た「社会」（市民社会、政治社会）は、すべての人が自由に生存しうるために、互いに協力するということを根本的な原理にしている。すべての人が平等であるとすれば、ある人の自由と生存を保障しうる仕組みは、ほかの人の自由と生存を保障する仕組みでもなければならない。それはある意味での〝生存競争〟を排除し、**すべての人の生存を同時に確保しうるようなシステムを、すべての人の合意によってつくる**ことを意味した。そのような「社会」は、「共同体（community）」であり、「共同団体（commonwealth）」であり、あるいは単に人びとの「団体（corporation）」であったり、「集まり、結社（association）」であったりする。そして、そのような「社会」の目的は、すべての人の「幸せ」や「福利」であり、それは「公共善（人びとの幸せ）」とされた。

ここで議論を終えてもいいのだが、しかし、経済社会あるいは市場は、そのように協力し合う個人ではなく、自己の利己的利益を求める個人を想定している。そうした市場の論理との関係をもう一度考えておいた方がよいかもしれない。市場は、右に見たような「社会」とは相容れないものなのか、という問題が残るからである。

まず、アダム・スミスの有名な一節を見ておこう。

「人は仲間の助力をほとんどつねに必要としており、しかもそれを彼らの慈悲心だけから期待しても無駄である。自分の有利になるように彼らの自愛心に働きかけ、自分が彼らに求めることを自分のためにしてくれることが、彼ら自身の利益になるのだということを、彼らに示すことのほうが、有効だろう。……われわれが自分たちの必要とする好意の圧倒的大部分をたがいに手にいれるのは、このようにしてなのである。**われわれが食事を期待するのは、肉屋や酒屋やパン屋の慈悲心からではなく、彼ら自身の利害関心からである。**われわれが呼びかけるのは、彼らの人類愛にたいしてではなく、自愛心にたいしてであり、われわれが彼らに語るのは、われわれ自身の必要についてではなく、彼らの利益についてである。」（アダム・スミス『国富論』水田洋監訳、岩波文庫第1巻38〜39頁）

この〝肉屋、酒屋、パン屋〟の比喩は、人が生活に必要なものを手に入れるために必要なことは、その商品の価格を支払うことによって、商品の供給者の利益を増進することである、という商品経済あるいは市場経済の基本的な仕組みを述べている。生活に必要なものの大部分が商品という形で供給され（商品経済）、商品の価格を通じてその需要と供給がなされるという市場経済の仕組みが述べられているのである。そうした市場経済では、商品の売り手（商人）と買い手（消費者）とは、相互の人間的な思いやりや愛情によって結びつけられるのではなく、売ることによって利益を得る、買うことによって必要なものを手に入れる、という双方の利益によって結びつけられるのである。スミスがここで「自己愛（self love）」と言っているのは、「利己心（self interest）」と同じことである。つまり、市場経済においては、売り手と買い手は、それぞれの利己心によって、それぞれの利益を満たすことになる。

今日の経済学と同様に、スミスは、市場経済のシステムは、個人の利己心を基礎にして、社会全体の利益が実現すると考えたのである。経済学における「経済人」の仮定は、自由な市場が、社会全体の「富」の「最大化」をもたらすとしている。しかし、スミスは、果たして、こうした「利己心」によって、あるいは「利己心」のみによって、より良い社会が実現しうると考えたのであろうか。

スミスには、『国富論』と並んで、『道徳感情論』という重要な著作がある。『国富論』でも政府や公共的事業の意味が説かれていたことはすでに見たとおりであるが、『道徳感情論』は、社会そのものにおける人間関係のあり方を問題にしている。

「人間がどんなに利己的なものと想定されうるにしても、あきらかにかれの本性のなかには、いくつかの原理があって、それらは、かれに他の人びとの運不運に関心をもたせ、かれらの幸福を、それを見るという快楽のほかにはなにも、かれはそこからひきださないのに、かれにとって必要なものとするのである」[53]。人間は、仮に利己的なものであったとしても、他人が幸福になることを喜び、必要とする、というのである。人間が利己的な存在であること、あるいは利己的な面を有することは否定されていない。しかし、人間が純粋に利己的で、他者とは孤立して自己の利益だけを追求する主体であるとは考えられていないのである。スミスは、そうした人間の感情を「**同感**（sympathy）」という言葉で表現する。人間は、本来的に社会的な存在であり、したがって「**同胞感情**（fellow-feeling）」を有しているということになるのである。

スミスは、この本で、人間の社会が、利己的な個人によって構成される、計算ずくの社会ではないことを主張したのである。もっとも、『国富論』より前に書かれたこの本でも、スミスは、商業的な、あるいは市場的な社会の可能性を認めている。社会は、「それの効用（utility）についての感覚から、相互の愛情や愛着がなにもなくても存立しうる」のであり、人びとの間の援助や手助けについての「損得勘定の交換」によっても成り立ちうる。

人間的な思いやりや愛情のない、市場的な交換に基づく社会でも成り立つというのである。しかし、スミスがこういうときに、それはけっして望ましい社会の状態ではなかった。「人間社会の全成員は相互の援助を必要としているし、同様に相互の侵害にさらされている。その必要な援助が、愛情から、感謝から、友情と尊敬から、相互に提供される場合は、その社会は繁栄し、そして幸福である」とされているからである[54]。

経済学の父とされるスミスのこのような議論は、市場や市場経済の位置をよく示している。社会は、それ自体としては、生きた人間によって、そして、スミスの理論に同意するかどうかは別にして、さまざまな感情を有する人間によって構成されていること、したがって、人間の経済活動、市場経済はそうした社会の一部を構成するにすぎないということである。おそらく、こうした結論は、スミスを引くまでもなく、多くの人が納得しうるものであろう。

ロックについて見た政治的市民社会が、こうした市場経済とはもともと別の次元にあることも明らかである。市場経済を律する論理は、市場における交換の価格であり、したがって金銭的な富が支配する。しかし、政治的社会においては、すべての人(「市民」)が経済的な富の力に関係なしに、社会の構成員であるがゆえに、対等であり、平等な権利を有するのである。

今日の〝市場社会〟の一つの落とし穴は、社会のこのような多面性あるいは多層性を無視して、すべてが市場の論理によって説明されうるかのように錯覚することである。

自由と生存

古典とされるロックやスミスの議論にかなりスペースをとったので、読者のなかにはやや食傷気味の方もおられるかもしれない。もちろん、本書は、これらの古典を研究することを目的としているわけではない。これらの議論を取り上げたのは、近代あるいは資本主義の始まりの時点で書かれたこれらの著作には、社会や経済の仕組みを単純な形で示しているという利点があるからである。複雑化した現代の社会をいきなり取り扱うのは難しい。そこで、これらを利用して、社会や人間のあり方を基本のところから考えてみようというのが、ねらいであった。

そうした観点から、これまでの議論をまとめておくことにしよう。

ホッブスやロック、ルソーなど近代社会の始まりに立ち会った思想家たちは、天然自然において自由な人が社会をつくりあげる理由を、さまざまな形で考え、そうした社会が人間の自由をどのようにして保障しうるかを考えた。

そう考えたときに、ほぼ共通して構想されたのは、すべての人が合意することによって、社会をつくる、そして社会をつくるのは、個人の自由を失うためではなく、それをより良く確保するためである、ということであった。かくして、社会は、その構成員であるすべての人が自由意思に基づいて合意する、すべての人の自由や生存（さらには幸福）を目的とする共同団体となったのである。したがって、そのようにしてつくられた社会は、社会をつくった人びとの意思に基づいて組織され、かつ運営されることになるのである。

このような思想（自然権思想、啓蒙思想）が論じた〝自然状態〟が理論的な仮定であって、現実には、実際の社会をそのようなものにつくりかえるための道具立てだったことはすでにふれた。しかし、そのような理論上の社会の構想は、近代社会の実際の制度（社会の法的な構成）にもなったのである。

このようにしてつくられた（つくりかえられた）社会は、すべての人が自由かつ平等に生きることができる社会であり、そのような人びとの共同体である。「社会」は、人びとの集まり以外のなにものでもないので、人びとの集まりである「公共（public）」は社会であり、社会は「公共」である。法律は、そのような人びとの意思によって定められ、政府は、人びとの意思を代表して公共的な仕事、政治を行う。

こうした近代社会の考え方と制度（仕組み）から引き出しうるもっとも重要な点の一つ

は、「社会」が、人びとの自由と生存、幸福の実現を目的としているということである。日本国憲法にも、自由権といわれるさまざまな基本的人権と生存権的基本権、そして幸福追求権が規定されている。論理的には、人びとが自らの幸せのために、そのような目的をもつ社会をつくるのであって、そのような目的は社会そのものがつくられる理由（根拠）である。その目的を離れて、社会は存在しえない、ということになる。

しかし、問題は、こうした「社会の目的」が、個人の自由を認めるだけでは実現しないような現実が生まれた場合にどうすべきかということである。

自然権思想の論者たちは、前にロックについて述べたように、個人は、自由に放任されていれば、自己の労働力と資産によって自由に生存しうるはずだという前提の上に論理を組み立てていた。自立自営の生活である。したがって、近代の人権宣言や憲法は、個人の自由と所有権（ロックは自己の労働力を含む）を保障しさえすれば、その個人の生存と幸福は自動的に実現するはずだ、という論理構造になっている。こうした論理構造のもとでは、資産（土地やそのほかの労働・生産手段）をもたない人にとっては、自由と労働力のみの所有権が認められたとしても、それだけでは生存を確保することはできない。労働力だけをもっていても、それを生かして必要な生活資料を生産する手段や場がなければ、生存することはできないのだ。

注

53　アダム・スミス『道徳感情論』（水田洋訳、岩波文庫1巻）23頁。Adam Smith, *A Theory of Moral Sentiments*, Liberty Classics, p.47.

54　同前、223頁、Ibid., p.166.

3　市場社会の限界

アダム・スミスの〝肉屋、酒屋、パン屋〟の市場が、社会の一部分を占めるにすぎないことを前節で見た。しかし、そうした市場には、もう一つ重要な限界がある。

今日のわれわれが生きる社会は、ある意味で〝市場社会〟である。住まいから日常的に消費するものまで、ほとんどの生活手段を、われわれは市場で購入している。今日の社会は、そのような意味で商品社会であり、市場社会であるといえる。

市場では、スミスが言うように、慈悲や愛情は役立たない。どんなに親しくしている商人との間でもきちんと商品の代価を払って買うのがルールだ。ましてやスーパーやデパートのような顔なじみの通用しないところでは、衣服であれ、食料品であれ、代金と商品との交換が機械的に行われる。市場では、お金と商品とが等価で交換されるといわれている。バーゲンやポイント・カードなどがあるとわれわれ消費者はつい得をすると錯覚するが、商店の側からすれば、それを含めて等価の価格が設定されているのである。

このように生活に必要なほとんどのものをわれわれは市場で購入する。そのために、〝お金〟は大切なのだ。われわれの生活は、市場の上に成り立っており、今日の経済は、市場経済と呼ばれている。

スミスの〝肉屋、酒屋、パン屋〟の市場は、人びとがそのような日常生活に必要なものを、慈悲や愛情に頼らずに、公平な交換によって手に入れることができ、それによって生活をすることができる、という社会を描いている。市場が人びとの生活を支えていることになる。しかし、一見のどかなスミスの市場の生活世界には、大きな問題がある。〝お金〟がなければ、この世界では、なにも手に入れることができないということである。アダム・スミスの市場論では、市場メカニズムが人びとの生活に十分な商品を与えることができ、かつ、生活をする人びとがそうした商品を買うために必要なだけの所得を得ていることが仮定されているのである。そうした仮定が実際に成り立つのか、それが問題である。

スミスの比喩は、生鮮市場や商店街のような、自由な活気のある風景を思い起こさせる。人は、そうした市場のなかで自由に品定めをして、買うも買わないも自由だ。自由と楽しさが満ちている。そうした光景をわれわれは日常的に経験している。しかし、これも誰でも経験しているように、買い手の消費者は、いつでも財布の状態と相談しながら買い物をするのである。そうした財布の状態がやはり問題になるのだ。お金がないとき、お金がない人、それはいつでも存在している。しかし、スミスの市場では、それは問題にされていない。

では、人びとは、どのようにして生活に必要な所得を得ているのだろうか。すでに述べたように、今日では大多数の人が雇用されて所得を得ている。そのほかの人は、多くの場合、農業や商業、工業などの自営によって所得を得ている。農業に従事する人のなかには、勤めにも出ている兼業農家が多い。それは、食料（の相当部分）を自給できるとしても、そのほかの生活資料をたくさん購入しなければならない商品社会になっているからである。しかし、雇用でも、農業や商工業の自営の事業でも、生活に必要なだけの所得を得られるという保証は、少なくとも市場のメカニズムのなかにはないのである。

ここまで読みすすまれた読者にはもう必要がないかもしれないが、簡単に説明しておこう。雇用によって所得を得ている場合には、企業の倒産や解雇などがありうる。失業である。実は、経営の破綻や人員の縮小も市場のメカニズムによって発生するのであり、市場は、そうした事態の発生を防止するメカニズムは内蔵していない。農業者の場合を考えてみよう。農産物を生産して所得を得るのは市場を通じてである。しかし、農産物の価格は、消費者の好みや作物の豊凶によって左右される。そして、そのような農産物価格による収入が生活に必要なだけの所得を形成するという保証は、市場メカニズムによっては与えられない。

したがって、スミスの仮定は、生活に必要な多くのものが市場の交換を通じて供給されているという意味において、市場は人びとの生活に不可欠なものになっているが、生活に必要な所得を必ずしも保証しない、と言い換えなければならないだろう。

つまり、市場は生活に必要なものなのだ。しかし、市場は生活を保証するものではないのである。少し固くいうと、市場は、商品と金銭とを交換する、等価の、公正な交換を保証するだけであり、売り手や買い手の人間としての生活（生活が成り立っているか、どのような生活か、など）にはまったく無関心なのである。

市場社会、商品社会であるにもかかわらず、否、そうであるゆえに、市場や商品のみに頼らない生活保障のシステムが必要となる。それは、社会（政治社会、市民社会）によって、公共的に提供されることになるだろう。

4　「自由な決定」と「社会責任」

「自分の決定」と「自由な決定」

「自己責任」について、『広辞苑』は「自分の決定がもたらした結果に対して負う責任」と定義している。この定義で重要なことは、「自分の決定」が問題とされていることである。言い換えれば、個人が責任を負うべきだとされるのは、その責任を負うべきことがらについて、その個人が決定する自由をもっているからなのである。今日の社会において「自己責任」が語られるとき、もっとも重大な問題は、**責任の根拠になる「自由」が果たして現実的なものとして存在しているかどうか**、である。自由であるべきだとか、自由であるはずだ、ということと自由であることとは別のことがらである。

非正規雇用の若者の設例を第一章で取り上げたが、ここでもう一度取り上げよう。ある男性の若者が、正規雇用を逸したために、日雇い派遣の仕事をしていたとしよう。

彼が日雇い派遣の仕事を選んだことはたしかである。また、アパートを引き払ってネットカフェ暮らしをするということも、疑いなく彼自身の決定による。ほかの誰かが決めて彼に強制したわけではないのである。その意味で、これらのことは、すべて彼自身の決定によるといいえる。このような決定が、『広辞苑』のいう「自分の決定」であるなら、その結果である状態について、「自己責任」をとるべきだ、ということになるだろう。実際、多くの若者やそうでない人も、こうした状態に置かれていることを、自己責任として自覚して、沈黙している。しかし、これらの決定は、彼らの「**自分の決定**」であるには違いないのであるが、**自由な決定**とは言い切れない。もし、彼が、日雇い派遣のほかに正規雇用の可能性ももっており、そのなかで前者を選択したのであるなら、彼の決定は自由な決定だったということができる。しかし、それ以外の可能性を自由に選択する条件がないときは、厳密にいえば、働かず食べずという選択と日雇い派遣の選択しかない場合には、その「自分の決定」は、自由な選択に基づくものではないという点で、「自由な決定」とはいいえない。むしろ、その決定は、飢餓を避けるために**強いられた決定**というべきである。このような自由でない決定（あるいは飢餓との関係における選択）、あるいは強いられた決定の結果について、彼の「自己責任」を認定することはできない。

市場社会は、すべての個人を自由なものと想定する。誰でも、自由に行為し、自由に働くことができる。個人の自由は、市場社会の根本原則、根本規範である。したがって、このような社会では、すべての個人が自由であるから、自由に行動しているはずであり、その結果はすべて個人に帰属するはずである、という**「自己責任」**のインフレーションが生じやすい。

しかし、個人がなにごとをするのも自由であるという、この原則は、けっして、誰でもが自由に、自分の望むことが実際にできるということを、含んではいない。ここでの「自由」は、与えられた条件のもとで可能な選択肢のなかからなんらかの選択をする自由であるということができる。そして、そのような選択の自由に基づいてなした選択の決定は、当然に、その結果について自己責任が発生するというのが、市場の倫理である。もちろん、市場での選択においては、その利得も決定者に帰属する。

したがって、言葉の正しい意味において「自己責任」を語りうるためには、その前提である自由とそのまた前提である**選択の機会（現実に行使できる選択の機会）**が存在していなければならない。前述の設例は、まさに、そのような選択の機会が与えられていないために、本来的な意味における自由が行使しえなくなっている状況を示している。

雇用や生活保障の領域でとくに、このような問題が起こるのは、現代の経済社会が、ロックやジェファソンが思い描いたような社会ではないからである。すべての人が自由である、しかもすべての人は生産手段をもって自分自身の力で生きていくことができる、という想定ができるのであれば、「誰もが、なにごとをもなしうる自由」を保障しさえすれば、すべての人の自由と自己責任がほぼ無条件に成立しうる。しかし、雇用労働者が人口の大半を占めるような社会においては、単に個人の自由を保障するだけでは、個人の生存がつねに確保されるとはかぎらない。雇用の需要と供給が自動的に一致する保証はないからである。そうであるとすると、生存の必要のために強いられた選択をしなければならない人が生まれる。そのような場合には、自由は、実際上紙の上だけの形式的なものになりうる。そのような強いられた選択は、だれか他人によってなされた強制ではないが、経済社会の現実あるいは市場の現実のなかでなされたやむをえない選択であるという意味で、**経済的強制による選択**であるといえる。そのような現実があるときに、個人の自由や自己責任を意味のあるものにするためには、そのための経済的な条件が整えられなければならない。それは、**社会の側の責任**である。

自己責任論の本質

今日の、あるいは最近までの「自己責任」論には、そのような経済的条件を欠いたままに、個人の自己責任を喧伝する傾向があった。むしろ、もっと厳しくいえば、そのような経済的条件を掘り崩す政策とともに主張されたのである。

「自己責任」論（90年代以降、最近までの議論をこう呼んでおこう）は、教育、雇用、医療、社会保障などほぼすべての領域において、公共的なサービスの価値を否定し、個人の責任においてまかなうべきだと主張した。

大学の教育費負担を軽減するための奨学金については有利子の貸与制が創設され、健康保険の自己負担割合が引き上げられた。雇用保険の給付期間は短縮され、給付率も引き下げられた。国民年金の保険料は引き上げられ、未納者が増加した。いずれも、公共的なサービスも、経済的な価値のあるサービスであるかぎりは、サービスを受ける個人が自己の負担において受けるべきだとされたのである。公共的サービスは、しだいに利用者が〝購入〟する、市場的サービスの性質を強めてきたのである。

他方、所得税の累進税率は緩和され、かつて最高税率が70パーセントであったものが40パーセントにまで引き下げられ、法人税も国際的な標準を理由に引き下げられた（日本はなお高い、という議論も強い）。所得税率の累進制の緩和は、個人の所得が個人の努力によるものであるという理由に基づいている。

公共的なサービスの利用についての自己負担の増加は、公共機関の財政負担を軽減することが目的だとされてきた。政府部門の財政状態が悪化しているので、財政赤字を削減するというのが錦の御旗である。しかし、それが、単なる財政対策でないことは、財政収入の面での累進制の緩和が同時にすすんでいることによって明らかである。財政再建だけが目的であるなら、公的な支出を削減すると同時に、公的な収入の拡大もはからなければならない。所得税の累進制緩和は、こうした目的に反している。したがって、右に挙げたような公共サービスの利用料の引き上げは、単なる財政対策（それ自体が重要であることは否めない）によるのではなく、個人が、自己の消費や生活のために必要なものは自己の力で獲得すべきであり、他方、労働やビジネスによって獲得した個人の富（所得）は個人のものだ——つまり、社会に拠出しなければならないものではない——という観念に基づいているということができる。これは、「自己責任」そのものの考え方であり、経済活動の成果と分配を純然たる個人に還元する考え方であるといえる。

こうした考え方は、公共サービスを事実上縮小し、社会全体を市場の論理（個人が必要なものは対価を支払って獲得する）によって規律することに帰着する。「自己責任」は、十分な、あるいは高い所得を得ることができる人にとっては好都合（お金を払えばなんでも手に入れることができる。他方、手にしたお金はあまり税金でもっていかれない）であるが、不十分な所得しか手にできない人、あるいは低所得の人にとっては不都合（これまで無料であったものも手に入れられなくなる。生きるために必要なものでさえお金がなければ手に入れられない）な社会になるということを意味する。

他方、「自己責任」論によって、公共サービスが縮小し、人びとが生活に必要なものを自己の所得によって手に入れなければならない社会になると、ますます、人びとは、自己の生活だけのために励まなければならなくなる。「自己責任」の規範は人びとの心のなかで強まるのである。この20年ほどの間に広まった社会的心理状況は、「〝勝ち組・負け組〟の〝勝ち組〟にならなければならない」、「外資系のトレーダーになって高い所得を得よう」、「資格をとって不況に負けない職業に就きたい」、「どのように上手に資産を運用してお金を殖やせるか」、などなど。社会が市場化すること（社会的・公共的な仕組みの後退）によって生み出された自己保存の欲求と利己心が強まった。人は、こうした状況を、金融資本主義やカジノ資本主義に帰するかもしれない。

競争社会（競争もまた称揚された）による〝弱肉強食〟が批判されているが、それは、極端にいえば、ロック以前のホッブスの世界に戻ることを意味する。そこでは、〝万人の万人に対する闘争〟という生存競争が繰り広げられたのである。もう少し普通にいえば、利己心の高まりに反比例して、助け合いや共同の意識が後退した。このような状況で、〝絆〟や〝友愛〟、〝共生〟が叫ばれている。たしかにそうした考え方が必要とされている。しかし、現実の経済社会のあり方を変えないかぎり、あるいは、それらの標語が精神主義的な理念に止まるかぎり、それらは無力である。

「自己責任」の社会意識と社会の市場化との間には、相乗作用があるようだ。そのような相乗作用は、逆にも働く。年金財政の悪化が人びとの生活不安を高めて貯蓄性向を高めていることは、よく知られている。消費の冷え込みが不況を長引かせているというわけである。この年金と人びとの意識や行動様式の関係は、反対にいえば、生活不安を緩和する社会的制度が安定していれば、人びとは自分のことだけを考えなくてすむということを意味している。年金や教育、医療、そして雇用などの生活のインフラストラクチャーが整備されること、それは、助け合いや共同など、人びとに本来備わっているコモン・センスを強めることになるのである。生活不安がなくなれば、人びとはそれだけ、自由になれるし、他人に対する思いやりをもつことができる。おそらく、これは、経験的に明らかなことだろう。これらの社会的制度の発展は、それだけ利己的な「自己責任」の意識を弱め、社会的な協力の意識を強める。両者は相乗的に働くのである。

どのような社会を構成するのか、**生活についての個人責任を強めることによって弱肉強食的な社会、個人に不安と強いストレスを及ぼす社会をつくるのか、あるいは、社会における個人の協力や共同を基礎にして、生活についての社会的な保障の仕組みをつくりあげ**

るのか、ということが、今日の「自己責任」論をめぐる本質的な問題をなしている。もし後者のような社会をめざすのであるとすれば、まずは、出発点として、ホッブス的な自然状態に対してロックがしたように（といってもホッブス自身も別の形でそうしたのだったが）、〝社会〟の再発見をしなければならないのではないだろうか。

第六章

人間のための資本主義

1 どのような社会をつくるのか

「社会」とはなんだろうか

第三章で扱ったアメリカの独立宣言の一部（172頁）をもう一度読んでみよう。おそらく、ほとんどの人は、この昔々の外国の考え方が、少なくとも考え方の出発点としては受け入れることのできるものだと考えるのではないだろうか。

「平等」とか「自由」がどのような意味をもつのか、という哲学的な議論はここではすることができない。ポイントは、社会を構成する人びとは、本来、平等であり、自由であるべきだ、ということである。もともとの社会契約論は、完全に自由な自然状態にある（その意味でまた平等である）人間が社会をつくるときには、そのような人間の自由と平等を実現する社会がめざされるはずだという議論である。仮想の社会である。しかし、この議論は、人間がすでに社会をつくっている場合（もともと社会状態にある場合）にも、どのような社会をあるべき社会としてつくるか、ということを考えるときには参考になる。

独立宣言のもう一つのポイントは、そのような自由で平等な人びとがつくる社会においては、そのような自由と平等を守るために政府がつくられる、ということである。

ここでは政府（原文では複数形のgovernments）は、はじめからあるものとは想定されていない。生まれながらにして自由な人びとが、社会をつくり、社会の維持のために政府をつくるのである。前章で、ロックの議論を紹介したように、政府は、人びとの利益、つまり人びとの共通の利益やウェルフェア（common good = the good of the people）を守り、実現することを目的としている。独立宣言では「生命、自由、幸福の追求」というすべての人の権利を（したがって平等に）確保することが政府の任務だ、という表現になっている。

この考え方では、政府より先に人びとがいる。人びとが、自分たちの都合のために政府をつくるのだ。したがって、その政府が人びとのためのものであることは自明のことになる。そして前に「公共」が「人びと」と同じだと指摘したように、政府と政府が行う仕事が「公共的」とされるのは、社会に集まった人びとが「公共（public）」と呼ばれ、政府はそのような「公共（人びと）」の仕事をするものとされているからにほかならない。ついでにいえば、よくいわれる「官から民へ」は、けっして政府の仕事を民衆の利益のために民衆に引き渡すことを意味しているわけではない。必ずしも官僚の利益が減って、民衆の利益が増えることを意味するわけではないのだ。政府の仕事は、本来、民衆のための仕事なのである。この標語が意味するのは、正確には、政府部門（公共部門）の仕事を民間部門（市場部門）に移すということだけであり、それが、民衆の利益になるか否かは、まったく別に個々具体的に判断されなければならないのである[55]。そのうえ、本来であれば、市場ではうまくいかない仕事が政府の仕事になったはずだから、「官から民へ」が民衆の利益を損なう可能性も大いにありうる。この20年ほどの間、世論には大きな誤解が生じていたように思われてならない。

やや脱線したが、先に引用した独立宣言（172頁）には、「（政府の）**正当な権力は被治者の同意（consent）に由来する**」とある。いうまでもなく、民衆が、自分たちのために政府をつくるなら、政府の力は、民衆の同意なしには成立しえない。おそらく、それ以外の論理的な可能性は存在しない。民主主義の原点である。

政府が、あるいは社会が必要であることと、ある政府が民衆の利益に反して行動しうることとは別の問題である。市民がつくった政府でも、政府が一定の権力を有するかぎり、また、市民と政府の担当者とがつねに一体の関係にあるわけではないとすれば、ある政府が、市民や庶民の利益に反するように行動することはありうる。市民の「同意」によって構成された政府が、実際には「同意」に反して行動することがありうるのである。前に紹介したとおりであるが、独立宣言によれば、こうした場合に、「政府を変更し、あるいは廃止して、新しい政府をつくることは、人民の権利である」（原文からの筆者訳）のである。政府が民衆の利益に反する行動をするとすれば、それに対して民衆がなすべきことは、政府一般を忌み嫌うことではなく、自分たちの利益になるように、政府をつくりなおすことである。

残念ながら、今日の日本にはまだ民主主義の観念が欠如しているように思える。国は国民の面倒をみるべきだ、しかし税金は出したくない、というような意識が強いからである。しかし、このような考え方は、たしかに税金はいやだ、それなら国にはご退場いただこう、という「自己責任」論に取り込まれることになる。自分たちが社会をつくっているのであり、政府も自分たちが、自分たち自身のためにつくっているのだ、という非常にプリミティブな〝社会〟の原理に関する認識がここには欠けている。いわば、**〝社会〟を再発見することが必要なのだ。**

どのような社会が必要か

現代の社会は、複雑で個人の力で動かすことはできない。結局のところ、社会を、個人の主観的願望によってコントロールすることはできない。そうであるとすれば、自分の手の届く範囲の世界で、自分自身の幸せを探すほかないだろう。表現の仕方はいろいろであるとしても、このような考え方はかなり一般的に存在するのではないだろうか。多くの人が社会についてこのような印象を抱くとしても、おそらく、それを誤りだということはできない。やむをえざる、あるいは善良なるニヒリズムともいうべきものだろうか。実際、現在の社会の全体像を解きほぐすことは至難の業である。

そのような難しい問題を解くことがここでの問題ではない。ここで議論しようとしていることはもっとずっと単純なことである。実際に難しい、あるいはまったく不可能かもしれないとしても、どのような社会が望ましいだろうか、と考えてみることである。

「年越し派遣村」に多くの人が心を痛めるのは、なぜだろうか。あるいは、「派遣切り」された若者（若者でなくてもよい）が職を失い、住居を失って、文字通り路頭に迷うというような映像を、まったくの他人事で自分には関係がない、と考える人は少ないであろう。このように人びとが心を動かす、ひとごとではすまされない、と感じるのは、多くの人びとが、そのようなことがあってはならない、そのようなことが起きる社会であってはならないと、心の奥底で考えているからにほかならない。その時点で、人びとは、いかに日常的には自分の幸せだけを求めよう、と考えているとしても、自分が社会の一員であることを無意識にではあれ、自覚している。また社会はこうあるべきではないはずだ、どうにかしなければならないのではないか、と考えているのである。「どのような社会が必要か」とは、まさに、どうにかしなければならないとすれば、どのようにしたらよいだろうか、と考えてみることにほかならない。

「自己責任」論は、自分のことだけを考えよう、他人を蹴落としもよい、競争社会なのだから、というメッセージを発信し続けてきた。しかし、人びとの心情、あるいはやや大掛かりにいえば、人間の本性とはそういうものではないのではないだろうか。「派遣村」が呼び起こした心情は、同じ日本人だから、というようなものよりももっと深いものだ。アフリカの飢餓の人たちの窮状に心を痛めるわれわれの思いも同じ性質のものである。それは、人種や国を超えて普遍性をもつ根源的な人間の心情というものであろう。人間は、独りで生きているわけではないし、また他人と競い合ってばかりいるわけでもないのである。経済学者のアマルティア・センは、人間を「社会的な人間」だと言った。まさに、人間は、社会的に存在し、人間と人間との関係において生活しているのである。

自由であること

では、そのような心情をもつ人びとは、現代の社会において、どのような社会をあるべきものと考えるだろうか。まず、もっとも基礎的な、原理的なことがらについて考えてみることにしよう。

「近代」が生み出した「個人の自由」は、おそらく、今日でも多くの人が大切にしたいと考えている価値であろう。ここでいう「個人の自由」というのは、金儲けの自由とか競争の自由というものではない。多くの人は特別にお金持ちになりたいとは思っていないし、安心して生活を送ることができれば十分だと考えているだろう。そこで「個人の自由」にとって大切なことは、一人ひとりの個人が、まずはまともに生存することができること（生存は、自由の大前提だ）、そして自分の伸ばしたい能力を伸ばし、それを発揮することができることである。センは、これを「ケイパビリティ（潜在能力）」と名づけたが、人間が本来人間としてもっている能力を最大限に発揮できるようにすること、そしてそれを発揮するところに人間としての真の喜びを見出すことができるであろうということである。そのためには、人間が成長する過程での教育の機会が重要な意味をもつ。十分な教育の機会をもつことによって、人は自分の能力を発見し、発展させることができるであろう。そして仕事をする年齢になったときに、自己の適正に合ったやりがいのある仕事に就くことができるなら、仕事をすること自体が喜びになるだろう。平たくいえば、仕事においても趣味においても、好きなことができる、面白いと思うことをすると楽しい、そういったわれわれが普通に感じることに、おそらく人間の本来的な自由の意味があらわれている。することもなく、つまらないままに時間つぶしをする（そういう時間が必要なこともたしかだが）ようなことは、ことさら自由という必要はないだろう。自由とは、自分の好きなこと（やって楽しいと思うこと）をすることができるということであり、自分の興味や意欲に合ったことをすることができるような条件が存在するということである。それが実際に可能になるためには、おそらく、それを可能にするための社会的な条件や装置が必要になる。

「生存」が「自由」の大前提だといったが、「生存」は単に食べて生きていければよいものではない。もちろん、食べて生きていけないという状態は問題外だ。それこそ社会的には許容しえないことであり、根絶されなければならない。しかし、自由に生存する、人間が意欲して行動するためには、食べられるだけでなく、肉体的に健康状態が維持されることが必要である。そのためには休養も必要だ。人間が〝元気〟であることが、それぞれの個人の自由を発揮する条件なのである。頑健な体をもった人でも、四六時中働きずめなら体を壊してしまう。とくに精神的な集中や緊張が伴う仕事なら、適度な休養とときにはある程度長い休暇が必要になる。ある程度高い所得を得られるとしても、休みのないような仕事を強制されるのは望ましくない。人間は、働く（労働する）こと――これも人間に本来的な行為だ――を自分でコントロールすることができる場合には、労働が原因で健康を害することはほとんどない。自分自身の体が自然に働き方を制御するからである。しかし、経済的な強制（食べるため）によるのであれ、会社の強制（雇用労働では通常こうなる）によるのであれ、外的な強制によって仕事をしなければならないときには、自己のコントロールを踏み外して無理な労働をすることになりうるのである。人間的な生存、自由な生存をたしかなものとするためには、やはり、社会的な防御装置が必要になる。いや、それでも本人が受け入れたのだから、というのは欺瞞である。

働くとはどういうことか

働くこと（労働）は、個人にとって重要なことだ。それは、食べるための所得を得るためだけのものではなく、その個人の社会における存在の意味を与えるからである。

社会は、さまざまな仕事によって成り立っている。分業の社会である。そのような社会において、ある仕事をすることは、社会的な意味のある仕事をすることであり、働くことは、社会の支え手になることを意味する。社会的に意味のない（あるいは有害な）仕事もあるのではないか、という意見もあるかもしれない。たしかに、そのようなものもあるかもしれない。もし、そのようなものがあるとすれば、それをなくしていくことも、社会の、あるいは人びとの役目である。ただ、そのような意味のない仕事はそう多くないだろう。

ほとんどの仕事は、社会に役立っており、それらが組み合わされることによって人びとの生活は成り立っているのである。みんなが働いているのでみんなが生活できる、というのは単純な真理だ。そのような仕事に就いて働くことは、その個人に社会における正当な位置を与えることになる。社会的なアイデンティティといってもよい。仕事は、そして仕事をする人びとは、お互いに尊重される、ということは、われわれが日常的に実感するところであろう。

それだけではない。仕事の場（職場）とそこでつながりのできる人間的な関係は、個人の社会的なつながりをつくりだし、仲間をつくりだす。人は、そこで、孤立した、孤独な個人から解放されるのである。うちの職場はそんなものではない、ひどいものだという人もいるだろう。人間関係には葛藤もあるし、つねに楽しいわけではないだろう。しかし、それほどの職場には、そこになんらかの問題があるかもしれない。働き方に関する倫理やルールがおそらく必要だ。しかし、ここで述べようとしているのは、職場というものが、本来的に、そのような可能性をもっている（そして、現実にもかなりの程度そのようである）ということである。

また、仕事を通じて、あるいは仕事のなかで人は学ぶことができる。個人のアイデンティティとしての仕事は、仕事をする本人のさまざまな意味における能力を鍛える。〝プロ〟

とか〝職業人〟といわれるような独自の特徴が生まれるのである。それは、自己の能力を伸ばす、高めることによって、自分自身の喜びをつくりだす。

さらに、そして最後に、働くことによって、人は経済的に自立することができる。それは、精神的な自立と、したがって個人の自由の基盤である。

働くことが、このような重要な意味をもっているとすれば、労働が可能な人には可能なかぎり働く場が見出されるような社会が望ましい。障害のある人も、高齢の人も、である。それぞれの人がそれぞれの力に応じて働くことが、その人の社会的なアイデンティティと自尊の念をたしかなものにするからである。「人の世話になっている」状態は、どうしても本人の遠慮と自信（自己尊重）の喪失を生み出す。もちろん、「世話にならなければならない」状態であれば話はまったく別である。しかし、そうでない場合で、本人も働きたいと考えている場合には、その機会が広く開かれていることが望ましい。そして、そのためには、すべての人が、自己の意欲と必要に応じて学ぶ機会をもちうることが望ましい。社会のためにだけではなく、自己の成長、能力の発揮のために必要なのだ。今の日本のような、年齢別に輪切りをした半ば強制のように意識される大学教育のシステムは再考する余地が大いにありそうだ。30歳くらいで、森林警備官から医師に転身することも可能な社会が望ましいのではないだろうか[56]。

失業は、働く人から社会的なつながりや社会的なアイデンティティを奪うという点で、非常に大きな害悪を個人に及ぼす。失業によって生じる孤独は、好き好んで孤独を愛するのとはまったく別種の強いられた孤独であり、社会的な孤立である。所得の喪失は、肉体的な生存の基礎さえ脅かしかねない。自己の能力を鍛えることも、発揮することもできない、そのような場がないとすれば、それは人格的な基盤まで揺るがすだろう。

したがって、失業はゼロの社会が望ましい。しかし、市場経済の社会では、失業の発生は避けられない。また、自発的に仕事を変えるために退職をすることも当然にありうる。なるべく失業を出さないような政策（完全雇用政策）を工夫することと、失業した場合に上述のような失業のもたらす害悪を最小限に抑えるような社会的な仕組みをつくりあげることが必要になる。失業は一般に、社会における労働力を有効に活用していないことを意味するので、社会的な損失でもある。しかし、社会が全体としてこのような努力をすることは、それ以上に、一人ひとりの個人がすべて、「個人として尊重される」（日本国憲法13条）ような社会になるために必要なのである。社会のために個人があるのではなく、個人のために、しかしもちろんすべての個人のために、社会があるという「近代」以来の考え方は、おそらく今日の多くの人が受け入れるところであろう。

ＩＬＯ（国際労働機関）の「すべての人にディーセント・ワークを（Decent Work for All）」という考え方がある。すべての人に、社会的に有意味（生産的）な、公正な労働条件のもとにおける完全雇用を、そして社会的な保障を、というものである。それはおそらく、現代の社会を〝人間的〟なものにするもっとも根底的な基盤である[57]。

平等ということ

〝社会〟が個人のためにある、ということとは、個人が平等であるかぎり、社会（政府）はすべての個人を平等に扱わなければならない、ということである。これは、「法の下の平等」として、疑問なく受け入れられている考え方である。

では、経済社会の場合には、どうであろうか。政府（社会）は、すべての個人の経済活動の自由を承認しているとしよう。そうした自由な経済活動のなかで貧富の差や経済力の差が生まれても、それは自由なものとして承認された行為の結果なのだからやはり自由なものとして放任されてよい。つまり、経済的な不平等は、社会が関知するところではない、ということになるであろうか。「自己責任」論は、これを肯定する。経済的な平等、一律の平等、それは〝悪平等〟である。平等として認めうるのは、各人がその能力を発揮するためのチャンスだけは開かれているべきだという〝機会の平等〟だけである。この20年間、

「平等」という言葉自体が忌避されるような時代が続いてきた。

しかし、個人が構成する（自らつくりだす）〝社会〟が、市民たちが政府に対する関係においてのみ平等であると考えなければならない理由はない。〝社会〟は、そのような「政治社会」であるだけでなく、人びとがともに働き、交換し合う「経済社会」でもあるのだから。〝社会〟が、経済社会において〝平等〟をどのように考えるのか、それは〝機会の平等〟だけに止まるのか、ということも社会が考えるべき問題なのである。

「派遣村」に関連して議論したことを思い出してみよう。そこでは、人びとが、同じこの社会で（あるいは世界で）生きる人が、生きられない、人並みに生きられないような状態はなくさなければならない、と考えているということだった。普通の人の心情であり、コモン・センスというものであろう。

そのような心情を基礎に考えるなら、この社会に生きる人すべてが、人間的に生きることができるような、あるいは人間的な生活ができるような条件を、等しく、つまりは平等にもつべきだというのが、今日の人びとの大方の考え方だということができる。

こうした意味での平等は、すべての個人の所得が画一的に平等でなければならないとか、どのような仕事をしていても所得は平等でなければならないというようなことは、意味しない。すべての人が（つまり平等に）人間的に生きること、人間としての自由を享受しうること、それが望ましい〝社会〟の目的とされるのである。所得、教育、医療、雇用、そして住宅など（文化やスポーツも含まれるかもしれない）、現代の社会で人びとが通常享受しうるような生活は、すべての人が平等に享受できる社会が望ましい。それが、今日における〝平等〟の根本的な意味である。そうした意味での平等を経済社会においてどのようにに実現するのか、政府や公共部門の役割がどのようなものになるのか。それは、このあとに生じる、必ずしも易しくはない問題群である。

注

55　もちろん、こうした行政の効率化や民間委託には、財政赤字の解決という課題があるからである。また、政府部門で行う場合と民間に移した場合の効率性の違いという問題もある。しかし、以下の本文でも述べるように、「官（政府）」と「民（民衆）」とが原理的に対立するわけではない。このように論じられる場合には、民衆という意味での「民」と経済的な市場セクターである「民間部門」とが混同されている。

56　挙げた例は、筆者が実際にドイツで見聞した実例である。

57　ILO, Decent Work, ILO, 1999. ILO『ディーセント・ワーク～働く価値のある仕事をめざして～』（ＩＬＯ日本支局、２０００年）

2　自由・平等・連帯の社会は可能か

人間の社会の回復は可能か

近代の理念の、理念としての美しさにもかかわらず、現実の資本主義社会は、それとは遠く隔たったものになった。

アメリカについて簡単に見たように、経済的な富と貧困の格差は、経済的な富による政治の支配と経済社会における「階級」をつくりだした。もっとも、理論上は、階級間の壁が制度的に固定されているわけではなく、階級間の上昇も下降もありうる。たたき上げから政治的指導者や富豪になる可能性もないわけではない。資本主義は、個人の能力と努力という規範も生み出した。「機会の平等」とは、そのような個人の努力と能力があれば、誰でもがよい地位と生活を得ることができるという可能性を約束するものにほかならない。

「機会の平等」はたしかに大切だ。しかし、もっと重要な問題は、個人の努力によってそのような上昇が可能であったとしても、それによって、所得や生活水準の高い少数者と中程度または低い水準の多数者との間の所得分配の不均衡が是正されるわけではないことである。そうした不均衡は、さまざまな条件を考慮すれば、資本主義のメカニズムでは避けられない。また、例外的に少数の成功者が下層から出たとしても、なお膨大な下層がそのままに維持される事態は変わらない。

前章の3節で述べたように、「市場」は、自由な等価交換のルールを知るだけで、生きた人間の生活には無関心である。したがって、所得分配の不均衡の是正やそもそも市場に入れない人の生活の保障を市場に期待することはできない。

そこで、そのような問題に対処しようとしたのは、政府であり、〝政治〟である。政治は、経済における「市場」と異なり、生きた人間が主体になる民主主義を基礎にしている。政府は、そのような生きた人間の「ウェルフェア」あるいは「人びとの幸せ（public good）」を目的にしなければならないのである。

現代の資本主義は、そのような政治の力（そこには、さまざまの社会的な運動や市民の運動を含めてよいだろう）によって、いわば〝人間化〟された資本主義になってきた。

しかし、それにもかかわらず、現代の資本主義が市場を基礎とする経済システムであることには変わりがなく、〝非人間的〟な性質をもっていることに変わりはない。つぎはぎの〝人間化〟と資本主義のロジックとが闘争を繰り返しているのが、現代の資本主義の社会だといえる。

「孤立した個人」

資本主義の〝人間化〟の核にあるものは、なんだろうか。そして、資本主義の核にあるものはなんだろうか。現代の社会において、すべての人の自由や生存を豊かなものにするためには、こうした問題を解き明かさなければならない。

アダム・スミスは、市場経済を「利己的な個人」が自由な経済活動をする社会として描いた。そして、個々人のそのような「利己心」は、実は、社会全体の、社会の人びと全員のウェルフェア（経済的な幸福）を高めるように働くのだ、と主張した。資本主義の市場経済が社会全体の経済的な生産力を高め、物質的な生活水準を飛躍的に上昇させたことは明らかである。その意味で、市場と分業の経済は、すべての人を豊かにしたのである。スミスが言ったように、市場経済の社会のもっとも貧しい人でさえ、それ以前の社会の富裕な人よりも多くの物をもっている、ということになる。

しかし、スミスがおそらく予見しえなかったのは、市場と分業によって推進される経済が、非常に大きな分配の格差を生み出すということだったろう。所得の公正な分配は、「利己心」を動力とする市場経済の充たしえない最大の課題となったのである。

そのような市場メカニズムの欠陥をカバーしてきたのは、あるいはカバーしようとしてきたのは、広い意味での公共的なメカニズムである。広い意味というのは、19世紀に労働者の間で生まれた相互扶助(共済)の運動や組織なども含めておきたいからである(そのようなものとしては、イギリスのフレンドリー・ソサエティが有名)。

フレンドリー・ソサエティのような運動の原点は、ある職人が仕事がない、あるいは怪我をして働けないというような場合に、仲間で基金をつくって生活費を出し合おうというものだ。

こうした相互扶助の運動を動かしているのは、「利己心」ではなく、同じ職の仲間意識(固くいえば「連帯意識」)であり、個人が孤立して生活していくことはできない、仲間をつくって助け合いながら生きていこうという「協力」や「共同」の意識である。同じような仕事をしている人には、そのような連帯意識が生まれやすい。仕事も同じなら、所得や生活程度も似たり寄ったりで、生活のリスクにも共通のものがあるからである。

このような相互扶助も結局のところ、「利己心」によって説明されうるという意見もあるだろう。基金をつくって他人を救うのは、単に善意で他人を救うのではなく、自分もいつか同じような不運に見舞われるかもしれない。そうした自分にふりかかるリスクを未然に防止しようとしているにすぎない、と。たしかにそのような計算された「利己心」による説明が可能である。実際、そのような説明は理屈として面白いだけでなく、究極のところ、人間は〝自然状態〟の人間について議論されていたように、自己保存本能による「利己心」を根底的な動機として行動するといえるかもしれない。

しかし、そのように計算された利己心を根底にしているとしても、ここの議論にとっては差し支えはない。仮に利己的な個人が根底に存在しているとしても、ここに登場しているのは、孤立して行動する利己的個人ではないからである。あえていえば、そのような利己的個人が、「共同」して行動し、その結果として「共同」の社会的なメカニズムをつくっているのである。それに、このような「共同」を可能としたのは、第1次的には、先ほど述べたような仲間としての連帯や協力の感情である。計算ずくの利己心から共同の組織をつくりあげることは、おそらくかなり難しい。そのような連帯や協力の感情は、あえていえば利己心とも共存しうる。ただ、そのような利己心は、排他的な利己心ではなく、協力や共同を受け入れる利己心であるということになるだろう。「利己心」一般を否定することは難しいし、また否定する必要もない。

他方、当然ながら諸個人にとって共通の課題や利益を目標として組織される「共同」や「連帯」は、その意味で、個人を丸ごと包摂するような〝全体主義〟とは異なっている。それらは、連帯感情をもつ個人が、同時に自由で、独立した存在であることを基礎としている。ある人は、「共同」や「連帯」を個人の自由に対立するものとして非難し、忌避する。しかし、「共同」や「連帯」が対立するのは、「個人の自由」ではなく、「孤立した個人」であり、制度化された「利己心」である。

「社会的資本主義」の方へ

自然発生的に生まれた相互扶助の組織は、市場メカニズムの働きに対する人びとの自己防衛の組織であるということができる。そこには、市場の論理とは異なる論理が貫かれている。

こうした相互扶助の組織と並んで、市場メカニズムの結果から人びとの生活を守ろうとしたのは、国家である。国家(あるいはこれまでの用語の〝政治社会〟あるいは〝社会〟)もまた、市場の「利己心」とは別の原理を基礎にしている。その原理とは、前述したように、すべての人のウェルフェア(「生命、自由、幸福の追求」でもよい)を実現するという、「公共性」の原理である。

スミスは、公共的な事業と公共的な施設を国家がなすべきこととして挙げている。人びとがそれぞれ孤立して生きているのではなく、一つの共通の空間でともに生きているとすれば、個人がそれぞれ1人でつくることはできない仕事や施設が生まれる。道路や水道を考えてもよい。そうした共同の施設は、人びとが力を合わせてつくるほかないのである。

このような国家あるいは〝社会〟の事業は、公共的な事業といわれるのであり、その際の「公共」とは、ほかの誰のものでもなく、社会を構成する人びと全体の、共通に利用しうる財産やサービスのことであり、人びと自身のものである。

このような意味における「公共性」は、人びとが同じ場でともに生きているという現実そのものに根拠を置いている。個々人が生存する場そのものが、協力してつくりあげられなければならない性質をもっているのである。

もちろん、それは、このような物質的な条件だけを意味するわけではない。精神的な世界における社会に開かれた対話や議論、そしてそれによって形成される社会的なコンセンサスも含めることができるであろう。そうした多様な公共性が形成されるのは、人間が社会を形成して、社会のなかで生きているという単純な事実によっている。したがって、このような意味における公共性は、社会そのものの土台とともに個人の生存の土台をなしている。それはまた、自由な個人が自由な経済活動を行うこと、市場で自由な交換を行うことにとっても、前提条件であり、基盤である。

そのような「公共性」の原理は、「利己心」にあるのではない。個々人が利己心をもっているとしても、それはそれでよい。しかし、「公共性」が問題になる場面においては、人びとは、「利己心」を互いに競い合うのではなく、誰にでも共通の「共同の利益」について議論し合うのである。ロックの著作には、社会あるいは政治社会を「アソシエーション（association）」と表現しているところがある。〝association〟は、「結社」や「団体」という意味のほかに「交際」、「付き合い」という意味をもっている。英語の〝associate〟やフランス語の〝associer〟は、「参加する」、「協力する」、「結びつける」、ということを意味している。国家あるいは政治社会は、プリミティブには、仲間の集団なのである。

国家が、市場経済から生じる貧困や過酷な労働に対して手を差し伸べるのは、論理的には、国家が、社会全体を代表し、社会のすべての人びとの「生命、自由、幸福の追求」を確保することを目的としているからである。そして、社会を構成する人びとのコモン・センスがそれを支持しているからである。国家は、その意味で、社会の人びとの共同と連帯の機構である。国家は、「人びと」としての「公共」を体現し、人びとのために、行動する。国家が担う「公共性」とは、社会集団のなかに生まれた「連帯」や「共同」を社会大に拡張したものであるということもできる。

そのような「公共性」の可能性を基礎づけるのは、「孤立した個人」の「利己心」ではなく、**社会を構成する人びとの「ともに生きている」というコモン・センス**である。国家とは、そのような人びとが互いに幸福な生活を送ることができるような社会をつくろうという〝約束社会〟である。

このように国家は、さまざまな形で市場を規制し、あるいはこれに公共的システムを適用してきた。国家が市場に対してこのような規制を行うのは、市場メカニズムが予期しない社会的な弊害を生むからであり、国家が「公共」の利益のために弊害の防止を必要と考えるからである。そして、市場メカニズムが結果として、そのような弊害を生むのは、現実の社会、現実の経済関係において、市場メカニズムが想定していた前提条件がそのままの形では存在しない場合が多いからである。市場経済は、このような公共的なルールと公共的な制度によって機能しえているのである。

このような公共的な規範や制度のうち、人間の労働や生活を守ることを目的としているものは、「社会的（social）」な制度や規範とも呼ばれる。この社会的な制度が広くかつ深く成立している社会は、「社会的資本主義」とも呼ばれうる。ＥＵの「社会ヨーロッパ（Social Europe）」の「社会」も同じ意味合いのものである。戦後に先進資本主義の世界で成立した「福祉国家」や「社会国家」は、このような意味における〝社会的資本主義〟であった。

公共的なあるいは社会的な規範と制度によって、市場メカニズムを統御する社会が形成されたのは、歴史的には、さまざまな人間の運動や努力によってである。したがって、資本主義の〝社会的資本主義〟である程度はさまざまであり、国や時代によって異なっている。規格の定まったモデルというものはない。

3　グローバル資本主義の文脈

これまでの叙述は、やや精神論、あるいは心構えに関する議論に傾きすぎていたかもしれない。そうした心構えが必要だというのはわかるが、現実はそんなことでは動かない、と考えられた読者も多いであろう。しかし、それでも、そんなことを考えることが必要だ、というのが筆者の思いである。世界が変わろうとしている今、どのような社会、どのような経済をつくっていくのかは、究極的には、われわれ普通の人間がどのように考えるかにかかっているからである。

リーマン・ショックのあとには、ヨーロッパ型をめざすほかない、という議論が増えている。市場一辺倒のグローバル・スタンダード論の影は薄くなった。金融危機によって、市場はそれだけでは完璧に機能することはできないということが多くの人に認識されたからにほかならない。

しかし、日本が単純にヨーロッパに見習うことはできないし、そのためにはどうしたらよいのかも明らかにはなっていない。そのうえ、ヨーロッパも、困難な経済運営に呻吟している。実は、今日でも、市場主義的な資本主義に代わる社会経済システムの展望は一向に明らかではないのである。その根本的な理由は、ネオ・リベラリズムを生み出したグローバリゼーションの流れが、今でも、おそらく不可逆的に進行しているからである。

グローバリゼーションの衝撃

本書でこれまで「現代資本主義」と呼んだものは、典型的には、一国の国民経済を単位とする資本主義であった。ケインズ主義的福祉国家とも呼ばれるものである。

国民経済を単位とする資本主義は、国民国家と呼ばれる一国の政府によって統御され、政府の金融・財政政策によって景気変動を緩らげ、社会の必要を満たすための高い租税によって公共サービスを実現してきた。日本やアメリカの資本主義が、そのような公共サービスの比重の相対的に小さい資本主義であることはすでに述べたとおりであるが、ここでは問題にしないでおこう。

グローバリゼーションは、一言でいえば、「市場」がそのような国民経済の枠を超えて拡張することを意味する。つまり、国民国家はそのまま残っているが、その土台となっている経済はその枠を超えてしまっているのである。政府は、そのようなグローバル市場のアクターをコントロールする力を失っている。国境を越えた資本の運動は、不断に、労働賃金や租税などの公的負担に圧力を加える。そうしたグローバリゼーションがさらに市場主義的な考え方を強め、その社会的な結果が広範な生活不安を呼び起こした。リーマン・ショック後の経済危機はたしかに思想としてのネオ・リベラリズムに打撃を与えた。しかし、現在までのところ、経済のグローバル化そのものは止まったわけではない。そしておそらく止まることはないであろう。

もっとも、市場のグローバル化を不可避のものと過度に評価してはならないかもしれない。経済史家のアイケングリーンは、国際資本移動で測ったグローバル化の度合いには、19世紀（第1次のグローバリゼーション）の時代とその後の戦間期以降に明確な差異があり、それは各国の民主主義化の度合いと反比例するという興味深い指摘を行っている[58]。グローバリゼーションは、あたかも自然現象のような不可避の現象というわけではないのである。実際、経済のグローバル化の進展は、ＩＭＦ（国際通貨基金）などを発信源とする、各国における貿易と投資の自由化、金融取引規制の撤廃などの政治的決定によって推進されたものであったからである。ネオ・リベラリズムは、グローバリゼーションの推進者でもあった。

ただ、当面の現実的な見通しでいえば、経済のグローバル化はなお進展するであろう。他方、国際的な、あるいは各国ですすむ金融規制は、金融機関や投資家の投機的な行動にブレーキをかけることになる可能性が高い。また、国際的な資本移動に対する課税などを含めて、資本移動を制約する仕組みもつくられるかもしれない。〃カジノ資本主義〃といわれたような野放図な金融取引はある程度制限されるようになるに違いない。しかし、資本の国際移動や、もちろん貿易の自由は失われることはないであろう。

このような経済のグローバル化のなかで、国民経済を単位としたかつての経済システムを単純に再生させることは、おそらく困難である。

一つの〃世界社会〃へ

経済がグローバル化し、歯止めのない市場経済が膨張するなら、それによって大きな問題が生じることは明らかだ。国民経済の黎明期（各国の産業革命期）に労働者の劣悪な境遇が生じたように、グローバル経済のもとで今日、最貧国問題や環境問題が深刻化している。

経済学者ジョセフ・スティグリッツは、グローバリゼーションに関する一連の著作[59]のなかで「市場」の膨張に対して「政府」の役割を強める必要があると力説した。最近の著作『フリーフォール』では、世界経済に需要不足が生じているとして、国際的なケインズ主義政策の採用を主張している。スティグリッツの議論の当否は別としても、グローバリゼーションが進展するなら、グローバルな市場を制御するためのなんらかの国際的機構が必要になるというのはそのとおりであろう。

「市場」が世界大に拡大したとすれば、世界的な規模での所得再分配と環境規制を行うことが人間的な資本主義のためには必要になる[60]。

世界でこのような動きはすでに、さまざまな形ですすんでいる。それは、われわれにはまだ実感することは難しいが、世界が一つの〝社会〟になりつつあることを意味している。そうであるとすれば、そのような〝社会〟をどのようにつくっていくか、という問題も早晩われわれの課題になるということになる。あるいは、すでにそのようになっているのかもしれない。世界といえば、一国の首相や財務大臣が出かけていって会合する、そのような場にすぎないものではなくなってきているのである。グローバリゼーションは、経済のグローバル化だけでなく、人的交流や文化的な交流のグローバル化をも伴っている。極端にいえば、国民経済と国民国家の内部に閉じられていたわれわれの社会やわれわれの生活は、新しい転機を迎えている。

グローバル世界が、単に、金融市場や生産物市場のグローバル化を意味するだけでなく、一つの〝社会〟を意味するとすれば、それは、単に、企業間の競争や各国間の経済競争の場ではないということになる。グローバルな「市場」において、各国の企業（あるいは国籍を超えたグローバル企業）が活動するとすれば、そうした企業にとってグローバルな市場が競争の場となるのは当然のことだ。それは、市場の一般的性質である。また、市場が、企業間の競争の場であると同時に合従連衡《がっしょうれんこう》の場ともなること、それも同様である。しかし、グローバル世界は単なる経済的市場のみで構成されているわけではない。それは、これまで繰り返し述べてきたように、〝市場〟が〝社会〟と同一でないことと同じである。グローバルな世界をもっぱら経済的市場として見たり、グローバリゼーションを日本経済に対する外国からの脅威と捉える見方は、一面的であるといわざるをえないだろう。

グローバル世界が、〝社会〟としての意味をもち始めていることを示すわかりやすい例は、金融危機後のＧ20における協調と温暖化対策の環境規制である。

Ｇ20は、各国で協調してケインズ主義的な景気対策を講じることに合意した。これは、各国の政府と国民経済を単位としているとはいえ、それが協調することによって、世界経済について統一的なマクロ政策を行うこととほぼ等しい意味をもつであろう。また、温暖化対策の国際的な取り組みは、地球環境という、いわばグローバル世界の〝公共財〟を各国が協調することによって国際的に管理する意味をもっている。いわばグローバルな公共政策といってよいのである。

グローバル世界が単なる「市場」であれば、このようなグローバルな〝社会〟と〝政治〟が登場する余地はない。政治的にいえば、かつての国際社会は〝自然状態〟に比しうるものだった。それは、各国が、自国の利益（のみ）を求めて、競争し、闘争し合う競争場裏だったのである。世界は、戦争の世界でもあった。グローバル世界は、今、このような〝自然状態〟から〝社会状態〟に移りつつあるように見える。それを示唆する端的な例は、前にも述べた世界恐慌後の国際関係と今回のＧ20との差異である。29年恐慌後に開かれた世界経済会議は、協調に失敗し、各国は再び自国の利益の追求に走った。両者の間には、実体経済の相互依存がはるかにすすんでいるという基礎的条件の違いもあるかもしれないが、今日では、各国（グローバル世界の構成員）が共通の利益のために合意するという〝社会〟の条件が生まれているということもできるのである。

もちろん、グローバル世界が〝自然状態〟から〝社会状態〟に移行するとしても、各国間の利害対立や紛争はなくならないだろう。それは、ロックの社会においても、個人間の対立や紛争がなくならないのと同じである。また、各国のナショナリズムや各国の利害と国際機関のそれとの対立も生じるに違いない。われわれの国民国家においても、政府と自治体との間に対立や緊張関係が生じている。

グローバル世界が一つの〝社会〟として形成されることは、おそらく、われわれの社会と同様に、その構成員である各国とその人びとの「共通の利益」あるいは「公共善」「ウエルフェア」の実現がその目的となるということであろう。環境や最貧国問題が国際的な議論の焦点となっているのはそのためである。国連が取り組んできたミレニアム開発目標（ＭＤＧｓ）[61]なども、そのように考えると、単なる人道的な取り組みとして軽視することはできないかもしれない。

グローバル市場制御の試み

グローバル世界が変わるということは、われわれの社会のあり方にも大きな影響を及ぼす。

グローバリゼーションは、日本企業や日本経済への脅威である。そのような脅威に対応するために、企業も日本経済も競争力をいっそう強化しなければならない。今日でもなおよく聞かれる議論であるが、こうした議論は、ほとんど制約のないグローバル自由市場を想定している。こうした見方は一面的であるということはすでに述べたが、実は、ネオ・リベラリズムの時代は、そのような考え方が正当なものとされたのである。グローバルな市場は人為的な政策を通じて自由化され、グローバル市場の自由化は、各国内の諸政策の市場化（規制緩和）を促進したのである。世界市場の自由化は、国民経済の自由化と相互に促進し合いながら進展した。

グローバリゼーションとネオ・リベラリズムが併進する時代には、他方で、一国がその社会の必要によってつくりあげた公共的な施策、社会的な施策を維持するのが困難になる。それらは、企業に公的な負担を課し、あるいは労働のコストを高めるからである。それらは、しばしば、資本逃避や生産拠点の移転をもたらし、国民国家の歳入の減少や失業の増加を生み出す。先進国の、とくにヨーロッパの「福祉国家」的な資本主義が危機的な状態に陥ったのは、そのような文脈においてであった。経済活動がグローバル化した状況では、自由なグローバル市場と制御された国内市場とは両立することが難しいのである。

金融危機後、先に述べたようにグローバル世界の〝社会〟が形成されていくとすれば、グローバル市場も無制約の自由市場ではありえなくなるであろう。これもすでに見たように、グローバル市場を制御する試みが始まっている。そのように、グローバル世界とグローバル市場が変わろうとしているとき、われわれの社会がなお自由競争至上主義のような観念で世界を理解することは許されなくなるだろう。グローバルな公共的社会をつくるためには、われわれ自身の社会をそれに照応するような社会としてつくりあげなければならない。

注

58　Barry Eichengreen, *Globalising Capital*, 2nd ed., Princeton University Press, 2008. アイケングリーンがここで民主主義化の指標にしているのは、男子普通選挙制、労働組合運動、労働政党の成長である。

59　Joseph E. Stiglitz, *Globalization and Its Discontents*,W.W. Norton and Company, 2002. ジョセフ・E・スティグリッツ『世界を不幸にしたグローバリズムの正体』（鈴木主税訳、徳間書店、２００２年）。*Making Globalization Work*, Allen Lane, 2006.『世界に格差をバラ撒いたグローバリズムを正す』（楡井浩一訳、徳間書店、２００６年）

60　国際機関におけるそうした議論の試みとして、ILO, The World Commission on the Social Dimension of Globalization, *A Fair Globalization: Creating Opportunities for All*, ILO, 2004. ILO『公正なグローバル化：すべての人に機会を創り出す』（ＩＬＯ駐日事務所、２００４年）

61　この問題については、Jeffrey D. Sachs, *The End of Poverty*, Penguin Books, 2005.　ジェフリー・サックス『貧困の終焉』（鈴木主税、野中邦子訳、早川書房、２００６年）参照。

終章

「自己責任」を超えて

簡単な要約

本書のこれまでの議論の基本的な筋は、「市場」と「社会」との関係を読み解くというものであった。「市場」に「公共」という言葉が対置されている場合もあるが、その「公共」は「社会」とほぼ同義のものである（「政府」の意味で使われている場合もある）。そうした「社会」は、根本的には、自由な個人の集合体である、という自然権思想の考え方をここでは取り入れてみた。

これまでの議論で明らかにしたことの一つは、そのような「市場」と「社会」とは、同一のものではないということである。今日の社会は、「市場」がすべてを取り仕切る「市場社会」であるというような観念が広がっている。しかし、「市場」と「社会」は、相互に完全に重なり合うイコールのものではない。「市場」は、あくまで経済的な商品取引の場であり、それ以上のものではない。それに対して、人びとの集まりである「社会」は、そのなかに市場のような取引関係あるいは経済関係を含むが、それ以上に人間的な交際や生活の場であり、また、社会を自ら統治するための政治的関係を含んでいる。「社会」はその意味で、「市場」よりもはるかに広いものなのである。

したがって、そのような「社会」を「市場」的な論理で割り切ろうとすることはもともと無理なのである。市場の支配力が、本来市場的な関係でない人間的な関係や政治や公共政策の領域に侵入するとそこにはさまざまの亀裂が生じ、社会や政治は不安定化する。この20年間あるいは30年間、日本の社会は、このような事態にさらされてきた。

資本主義は、その経済システムとしては、「市場」を基礎としている。市場は、資本主義とイコールではないが、資本主義の不可欠の前提である[62]。したがって、資本主義について「市場経済」という言葉が用いられる場合も多いが、厳密にいえば正確ではない。しかし、ポランニー[63]が土地と労働力、貨幣を商品化した点に資本主義の特徴を見出したように、資本主義のもとで「商品化」の領域が格段に拡大し、経済社会全体が圧倒的に商品社会、市場社会になった。資本主義社会は、その意味で、市場社会としての性質を帯びることになる[64]。

しかし、ここでも、資本主義は、「市場」と同じものではない。資本主義の経済システムは、大規模な企業や工場のような協業の組織を含む（市場的関係だけでは割り切れない）し、また資本と労働との政治的対立のような、これも市場的関係だけでは割り切れないものを含んでいる。さらには、資本主義的といいうるような国家的な直営事業も少なからず存在してきた。さらに資本主義社会というようにやや広げていえば、そこには、経済的な領域に限っても非市場的な関係がかなり分厚く存在してきた[65]。公共経済の部門（社会保障や医療、公共的インフラストラクチャーなど）や今日社会的経済として注目されている協同組合的な経済の領域がそうである。また、通貨の発行権限はどの国でも、中央銀行に独占されている。経済システムとしての資本主義は、けっして「市場」だけによって成り立っているのではないのである。

本書において議論した資本主義世界の転換とは、このような資本主義における「市場領域」の拡大の時代から、「市場」の制御と政府部門や公共的セクターを再評価する時代に変わりつつあるということを意味している。もしそのように捉えることができるとすれば、それは、経済や社会のあり方を根本から考え直す時期に来ていることを示しているのである。もちろん、「市場」と「政府」あるいは「公共部門」との関係は、ある意味でバランスの問題である。個々の具体的な問題について一義的な解は見出しえない場合が多いであろう。ただ、ここで決定的に重要なのは、それを決定するのは、政府であり、国民であるということである。その場合の基本的な基準は、「社会」がそうであったように、実際に生きている人びとの「幸せ（ウェルフェア）」である。

以上の簡単な要約を前提にして、「自己責任」という観点から、本書の議論を全体としてまとめておこう。

「自己責任」論

市場原理は、少なくとも経済社会の次元においては、すべての個人から仲間的な助け合いや公共的な援助を奪い、個人を「孤立した個人」に解体し、そのような個人に、「利己心」によって行動することを強制する。「自己責任」が喧伝されたのは、そのような文脈においてである。

誰でもが自由に労働し、商品（労働力も商品だ）を交換する経済（市場経済）を想定してみよう。そのような経済においては、各人が働いて（雇用されてもよいし、自分で事業をしてもよい）、その働きで得た所得で生活をすることが期待される。資産をもっている人は、資産から生まれる利益を所得としてもよい。いずれにしても、すべての人は、その労働（今述べたように広い意味で）か自らの資産によって（あるいは両方によって）生活を営むことになるのである。誰も他者から無償で生活の資源をもらうことはできない。市場経済とは、有償の対価を媒介として、財やサービスを手にするシステムだからである。

したがって、市場原理に基づく「自己責任」とは、自己の生活（生存）を、もっぱら個人の労働と資産に依存させる。他者からの援助を受けて生活することは想定されていない。自己の資産と労働によって得た富は、他方でそれがいかに大きなものでも「正当」とされる。いかにわずかな所得であっても、市場がそのように配分したのであれば、「正当」である。そのような高い富を得られることも、わずかな富しか得られないことも、「公正」な市場の交換で得られるものであるかぎりは、「自己責任」に帰着する。

「自己責任」論の陥穽《かんせい》

したがって、「自己責任」論は、単なる個人の心構えや気のもちようを意味しているわけではない。日常生活における至極当然な倫理や道徳を意味しているわけではないのである。そのようなことであれば、昔から当たり前のことで、ことさらに強調される必要はないし、誰もが知っている。近年の「自己責任」論は、そのような当然の倫理ではなく、社会的な意味を付与された、社会的な役割を果たす観念である。

しかし、多くの人は、「自己責任」が重要だといわれると、そのとおりだと考えてしまう。個人の倫理の次元でいわれる場合と、社会的なシステムにかかわることがらについていわれる場合とではまったく意味が異なるにもかかわらずである。

例えば、パートの仕事をしながら、それでは所得が足りないために生活保護を受けている母子家庭の母がいるとしよう。社会的に「自己責任」を貫くことは、このような場合に、生活保護のような給付は受けるべきでないということを意味する。他方で、より良い賃金の職を求めても、それを得ることはきわめて難しいとすれば、そうした家族は、きわめて困難な生活を強いられることになるだろう。このようなケースでは、社会的な意味における「自己責任」は、こうした人を貧困に追いやる機能を果たしているのである。

他方、大量の不良債権をかかえた銀行の経営者が「自己責任」を問われる場合はどうだろうか。おそらく、多くの人は、その際の「自己責任」を肯定する。この場合に経営者の「自己責任」が肯定されるのは、その経営者が公共的な業務である銀行を健全な経営状態に保つ責任を負っており、かつそのように業務を運営する権限をもっていたからである。

この二つの例に明らかなように、社会的な次元において「自己責任」を問う場合には、自己責任を負いうるような社会的な条件が存在していることが必要である。それにもかかわらず、「自己責任」論は、一般的な心構えとして広められ、その社会的な条件は無視されてきた。否、むしろ、そのような本来必要な社会的な条件を解体する議論として用いられてきたのである。「自己責任」の〝競争〟によって社会の活力が生まれ、効率的な経済がつくりだされる。生活保護の支給はなるべく厳格にして、公的支出を切り詰めるべきだ。「自己責任」で稼いだ所得に高い課税をすべきではない。労働市場は自由化して法律的な規制はなくしていこう。このような議論によって、〝勝ち組〟と〝負け組〟がつくりださ れ、ぎすぎすした世の中になったと多くの人が感じるようになった。常識としての「自己責任」が、実際のところ、社会の常識を壊してきてしまったのである。

「社会責任」の再構築

「自己責任」が思わざる結果を生むのは、あるいは社会の常識を壊してしまうのは、「社会」が、そして社会を構成する普通の生活人が、もともと「利己心」や「自己責任」だけで成り立っているわけではないからである。社会は、さまざまな人によって構成されている。子どももいれば高齢者もいる。健康な人だけでなく病気や怪我をする人もいる。このようなすべての人がまともに生きていけるように、助け合ったり、協力し合ったりして生きているのが、われわれが日常的に生きている社会である。職がないために〝餓死〟するような人が出ることは許されないと、みなが感じるのは、そのように〝社会〟はできているからである。逆に、助け合いや協力がなければ、〝社会〟はおそらく成立しない。最近の言葉でいえば、〝サステイナブル〟(持続可能)ではないのである。

「利己心」やこれに対応する意味での「自己責任」が厳密に適用可能なのは、〝市場〟やビジネスの世界である。しかし、われわれの生活する〝社会〟は、それよりも広い世界である。市場や経済は、社会の一部分にすぎない。「利己心」や「自己責任」で、このより広い社会を律することはできない。われわれが生きる社会を、ビジネスの論理で覆い尽くすことはできないのである。われわれが、「社会がぎすぎすしている」というようなフラストレーションを感じるのは、そのような社会を常識と感じているわれわれに、それと異なる、あるいはそれと対立する論理が押しつけられていることから生まれているといってよい。

「自己責任」を常識的なそれに据え直すためには、〝社会〟を立て直すことが必要である。では、そのような〝社会〟をどのようなものとして考えるのか。考え方の出発点は、それほど難しいものではない。それは、一言でいえば、普通の人びとがもっている常識（コモン・センス）に合うような社会をつくることに尽きる。

餓死するような人が出ることは許されない。将来のある若者が失業したり、まともな仕事に就けなかったりするのは問題だ。学費を払えずに中退する高校生はかわいそうだ。このような普通に誰でももつ感情を〝常識〟というなら、そのような常識が実現するような社会にすることが必要なのである。

現在の日本経済の基本は市場経済である。だから、多くの人が市場経済の論理を当然のものとして受け入れてもいる。しかし、これまでの議論からも明らかなように、市場経済の仕組みだけでは、人びとの常識が問題とするこれらの問題を解決することはできない。

これらの問題を解決するためには、市場経済とは異なる仕組みが必要なのである。それは、一言でいえば、前章で述べた「公共」的な施策あるいは社会的な規範や制度である。〝社会〟をつくりなおすという場合の、基本的な視点は、したがって、社会の「公共性」を再建するということになるであろう。そして、それを、どのように具体的になしとげるかは、「公共」の主体である人びと自身にかかっている。

そういわれても困る、という人も多いかもしれない。社会をつくるなんてとても考えが及ばない。「社会」がどうのこうのといわれても、自分の生活だけで精一杯だ。「利己的」といわれようと、自分のことしか考えられない、という人は多いかもしれない。それも自然なことである。

しかし、少し立ち止まってみよう。実は、このように感じる人が多いのは、今の日本の社会が、過度に市場的な社会になってしまっているからなのではないだろうか。雇用や教育、医療、住宅などについての公共的な支えが非常に弱くなってしまっている。これらの生活の基盤に関する公共的な支えが弱まると、人びとは、ますます「自己責任」で生活を立てなければならなくなる。「公共性」の欠如は、人びとの「利己心」を増進して、「公共性」への関心を後退させるのである。それはさらに、「公共性」の脆弱化をもたらす。その帰結は、個人の「孤立化」と〝社会〟の解体である。

北欧やヨーロッパ諸国の公共的な生活保障の体系が日本よりもずっと手厚いことはよく知られているし、本書でも若干紹介した。このような「公共的な」生活保障のシステムが確立されていると、個人の「自己責任」に帰せられる生活不安はそれだけ小さくなる。そうした社会では、人びとが、「利己心」から解放されて（税負担は非常に大きいが、それほど不満は生まれない）、「公共性」の維持に関心をもつ度合いがずっと高くなるのである。つまり、反対の相乗効果が働いている。そのような社会では、「協力」や「連帯」の観念は、日本よりもずっと現実的なものとして語られうる。しかし、もちろん、そこで「自己責任」の観念がなくなってしまうわけではない。普通の人が常識として考える「自己責任」は当然のことながら、重要な個人の倫理であり続ける。

そのような実例がありうるとすれば、日本の社会をつくりなおすこと、「公共性」あるいは「社会の責任」を再構築すること、「自己責任」を本来の位置に据え直すことも、不可能ではないはずであると思われるがどうであろうか。もちろん、単純に物真似をすればよい、というようなことでないことはいうまでもない。

注

62 市場と資本主義が同一でない、というのは、「四日市」とか「八日市」という今日まで地名に残っているような昔の市場（いちば）では、商品取引が行われているという意味で商品経済がそこに存在したが、資本主義のシステムではなかったということで容易に了解していただけるであろう。

63 前注4参照。

64 なお、「資本主義」という言葉はかなり多義的に用いられており、本書でもそのようになっている。それは、経済システムとしての資本主義を意味する場合もあるし、資本主義社会の意味で使われることもある。さらに、資本主義の原理的なメカニズムをさす場合もある。本書では、煩瑣になるのを避けて同じ言葉でいろいろな意味をあらわしているが、文脈からその意味を判断していただければ幸いである。

65 明治以降期の官営八幡製鉄所が日本の資本主義の発展に大きな役割を果したことはよく知られている。

あとがき

ギリシャ危機は、リーマン・ショック以来かと懸念された世界同時株安を惹き起こした。本書でふれた「資本主義の転換」がかなり長期の困難なプロセスになるであろうことを示唆している。重要な事件なので、一言付け加えておきたい。

２０１０年のギリシャの財政危機は、公務員の賃金引き下げや年金カットなどを含むドラスティックな財政再建プランとそれに反対する大規模なストライキによって、政治的混乱を生み出した。ギリシャ国債は、市場の不信によって暴落（利回りは上昇）し、国際市場における混乱は、ポルトガル、スペイン、イタリアなどに波及する懸念が広がった。ギリシャ国債を大量に保有する欧州各国の金融機関の不安が強まり、ユーロが急落した。こうした債権と通貨の動揺のなかで、「ヘッジファンドは通貨先物市場で売りを積み上げ、ユーロの崩落を狙った。……ファンド勢はギリシャ国債のデフォルト（債務不履行）に賭ける取引を拡大」（『日本経済新聞』２０１０年5月8日１面解説記事）した。国際金融市場における投機的行動が、ギリシャ国債やユーロの変動を増幅したのである。

5月10日に、ＥＵとＩＭＦは７５００億ユーロの緊急融資制度を創設することで合意し、日米欧中央銀行は一斉に市場への米ドル供給を決定した。欧州中央銀行は、ギリシャ国債などの買い取り方針を表明した。「各国中央銀行は協調して、ユーロを下支えし、ヨーロッパの脆弱な諸国に対する投機的攻撃（speculative attack）に反撃する用意に出た」（Japan Times、２０１０年5月11日）のである。

こうした各国・機関の協調によって、世界の株式市場は一斉に反発して世界同時株安の危機はひとまず一服したように見えた。

このギリシャ危機・ユーロ危機をめぐる一連の流れのなかからいくつかの一般的な論点を引き出すことができる。

一つは、ヨーロッパの危機が、根本的には、08年の世界金融危機に由来しているということである。金融危機後の各国で協調した大規模な財政支出による景気対策は、危機の早期の解決に貢献したが、各国には財政赤字のリスクを残した。南欧の財政危機は、そうしたグローバルな協調行動の必然的な帰結の一つだったといえる。

もう一つは、金融危機後の不況が、ギリシャのような脆弱な国の経済を危機に陥らせたということである。ギリシャ政府の財政再建プランや社会的なコンセンサス調達の手順に大きな問題があることは事実であるが、実体経済の悪化が財政危機と重なったところに真因があったといえよう。この意味でも、ギリシャ危機は、世界金融危機の一つのあらわれとしての性質をもっている。金融危機はその意味でまだ終わっていない。

さらに、EUや各国中央銀行の対処には、債券市場と為替市場における、市場と政府（広義）の対抗関係を見出すことができる。

世界同時株安が示唆するように、市場は、「投機的攻撃」によって破壊的な結果をもたらしうる。そのような市場の避けがたい混乱を防止し、あるいはその結果を最小限に食い止めるためには、非市場的なアクターである政府や国際機関、中央銀行など（これを広義の政府としておこう）の介入が必要とされる。この間の世界の株式市場の動向は、そうした市場の混乱に対して、市場自身が政府の介入を求め、歓迎するということを示しているのである。さらにいえば、市場は、それ自体では完璧に機能することはできず、政府による支えを必要とする、ということが改めて示されたということができる。

リーマン・ショック後の危機についてそうであったように、今回の南欧の危機においても、国際的な協調がすすんだ。そして。おそらく今回のギリシャ危機がもたらした新しい特徴は、政府による市場介入の度合いがさらにまた高まったということである。欧州中央銀行による南欧諸国の債権の買い取りや緊急融資制度の発動は、EUレベルの財政金融機構の意味を一段と強化することにつながる可能性が高い。さらに、国際機関としてのIMFの役割も、G20で合意されたようにいっそう強化されることになるであろう。経済のグローバル化に対応して、遅まきながら、各国・地域と国際的な機構・政府による市場制御のシステムがしだいに形成され始めているのである。

他方、この二つの危機は、ネオ・リベラルな解決（市場に委せるというレッセフェールの政策）の非現実性を示唆している。ギリシャ危機に対して適切な政府の対応がとられなかったとすれば、ユーロ危機と世界同時株安はさらに深化して、深刻な世界不況が訪れることになったであろう。また、08年危機に対して国際的な協調行動がとられなかった場合の帰結は、おそらく29年世界恐慌の経験が示唆するとおりである。

このような意味において、こうした世界の動きは、ネオ・リベラルなグローバリゼーションからの脱却の過程が徐々にすすんでいることを示唆しているといえるであろう。

本書では、筆者の専門を超える領域に話題が広がっている。そのために初歩的な誤りや事実誤認が少なくないと思われる。ご批判をいただければ幸いである。

本書の執筆については、朝日新聞出版の小島清氏と齋藤太郎氏にたいへんお世話になった。あつくお礼申し上げたい。

田端博邦（たばたひろくに）
1943年生まれ。東京大学名誉教授。東京経済大学非常勤講師。専門は、労働法。比較労使関係法、比較福祉国家論などを中心に研究。フランスをはじめ多国籍企業の労使関係にも明るい。著書に『グローバリゼーションと労働世界の変容』（旬報社）。

幸せになる資本主義

2010年6月30日　第1刷発行

著　者　田端博邦
発行者　小島 清
発行所　朝日新聞出版
〒104-8011　東京都中央区築地5-3-2
電話　03-5541-8814（編集）
03-5540-7793（販売）

印刷所　大日本印刷株式会社

ISBN978-4-02-330823-7
定価はカバーに表示してあります